AF269482

El cambio estratégico

Giorgio Nardone
Roberta Milanese

El cambio estratégico

Cómo hacer que las personas cambien su forma de sentir y de actuar

Traducción: Maria Pons Irazazábal

Herder

Título original: Il cambiamento strategico
Traducción: Maria Pons Irazazábal
Diseño de la cubierta: Gabriel Nunes

© 2018, *Adriano Salani Editore, s.u.r.l., Milán*
© 2019, Herder Editorial S. L., Barcelona

ISBN: 978-84-254-4336-7

Imprenta: Liberdúplex
Depósito legal: B-7847-2019
Printed in Spain - Impreso en España

Herder
www.herdereditorial.com

Índice

Prólogo

No hay ninguna palabra que, en los últimos decenios, haya sido tan utilizada como *change:* eso demuestra la fuerza de un término que, además de explicar, evoca. Esta palabra, tanto en forma de sustantivo como de verbo, no solo indica una dinámica, sino que expresa también la acción del movimiento hacia un objetivo. A ese tipo de palabras la lingüística las llama «performativas»: tienen un significado y son un significante, es decir, tienen la capacidad de definir algo y, al mismo tiempo, de determinar su efecto (Martinet, 1960; Austin, 1962). No es casual que estas palabras se hayan utilizado desde siempre también para persuadir a las masas (Le Bon, 1900; Tarde, 1969; Moscovici, 1976). Piénsese, por ejemplo, en la frecuencia con que el término «cambio» aparece en los textos budistas y taoístas o en cómo *change* fue la palabra clave de las exitosas campañas electorales de Barack Obama y, antes de este, del éxito político de Gorbachov (*Perestroika*, en ruso, tiene el mismo significado y efecto performativo). Pero si, entre las numerosas palabras performativas, *change* es la que tiene un uso más recurrente, es porque lo que indica y evoca afecta directamente a la mejora de la vida de los seres humanos, tanto del individuo como de la masa. Esto no significa que cambiar siempre dé buenos resultados, y ciertamente son muchos los ejemplos de cambios a peor; no obstante, como decía Georg C. Lichtenberg, «si las cosas tienen que mejorar, deben cambiar».

El lector ha de saber, a este respecto, que las obras dedicadas al tema del cambio son hasta el momento casi seiscientas, y cada año se añaden nuevos títulos. Pero si, además de al término, nos referimos al constructo en sí, el cambio es sin duda uno de los más utilizados transversalmente, y sus consecuencias operativas afectan a todos los aspectos de la vida humana. No solo eso, sino que limitando el cálculo de su impacto a la aplicación directa, vemos que prácticamente no hay ninguna disciplina, actividad o profesión a la que no se aplique. Esta universalidad nos llevaría a pensar que hay un acuerdo igualmente universal sobre cómo se realiza el cambio y sobre cómo puede ser planificado y conseguido mediante estrategias adecuadas y reproducibles. En realidad, las cosas no son así porque las teorías sobre su estructura evolutiva y sobre los procedimientos para llevarlo a cabo son numerosas y a menudo antitéticas, empezando por las ciencias, incluida la más pura, la física, que contiene dos teorías con perspectivas opuestas sobre los fenómenos de cambio: la teoría de la relatividad general de Einstein y la mecánica cuántica de Heisenberg. O bien, de una forma aún más llamativa, la psicología con sus distintos enfoques teórico-prácticos, que ofrecen explicaciones diferentes de los cambios humanos y prescriben pautas operativas muchas veces opuestas (Nardone y Salvini, 2013). Hay, no obstante, un libro que destaca entre todos los dedicados a este tema: *Cambio. Formación y solución de los problemas humanos,* escrito por Paul Watzlawick en 1974 (Watzlawick *et al.,* 1974). Watzlawick, que ya era muy conocido por haber escrito unos años antes con Beavin y Jackson *Teoría de la comunicación humana* (1967), considerado la «Biblia» en el estudio de la manera en que las personas se influyen recíprocamente a través de la inevitable comunicación entre sí, expone en esta obra ilustrativa una teoría y una pragmática del cambio tan rigurosa y epistemológicamente correcta como flexible y adaptable en su aplicación a contextos incluso muy distintos: de la psicoterapia a las relaciones internacionales, de la lógica formal a las disciplinas más empíricas o biológicas, del mundo de la gestión empresarial al de la literatura.

La lectura de este libro fue para mí, un joven ayudante universitario de Filosofía de la ciencia, un auténtico rayo de luz que me condujo inexorablemente a modificar mi carrera, puesto que a partir de entonces mi deseo fue aplicar lo que en ese libro se exponía.

Este es un claro ejemplo de «experiencia emocional correctiva», que será el tema central de nuestra exposición. Cuando fui por primera vez a Palo Alto observé, con la mirada escéptica del que se había formado en la más rigurosa epistemología, el trabajo concreto que realizaban Paul Watzlawick y John Weakland ayudando a las personas a resolver sus problemas, a menudo invalidantes, mediante elegantes y potentes reestructuraciones de sus puntos de vista, utilizando prescripciones, sorprendentes y a veces paradójicas, capaces de desmontar las conductas desadaptativas. Fue precisamente viendo trabajar a los dos *maestros* del Mental Research Institute cuando tuve la segunda «experiencia emocional correctiva», es decir, pude constatar la aplicación real de un brillante aforismo de Gregory Bateson: «No hay nada más práctico que una buena teoría». La teoría de la llamada Escuela de Palo Alto no solo era correcta desde el punto de vista epistemológico, rara virtud en los modelos tradicionales de psicoterapia, sino que también era concretamente aplicable y verificable. La convicción que ya se estaba formando en mí se consolidó: en los años siguientes tuve la responsabilidad y el honor de que el gran maestro me designara su heredero; el fruto de nuestro trabajo conjunto fue la publicación en 1990 del libro *El arte del cambio,* en el que se exponían, a partir de una laboriosa investigación empírico-experimental sobre el terreno, las evoluciones de las estrategias y de las técnicas para realizar rápidos y eficaces cambios estratégicos, tanto en el ámbito terapéutico como en contextos no clínicos. Nuestra relación científica y profesional se prolongó hasta su muerte y, además de dar lugar a toda una serie de soluciones innovadoras del enfoque de Palo Alto, me permitió entrar en contacto con las personalidades y los estudiosos más eminentes del cambio y de su realización, como los lógicos Newton da Costa y Jon Elster, el cibernético Heinz von Foerster, el psicólogo constructivista Ernst von Glasersfeld, Michael Mahoney, uno de los fundadores del moderno cognitivismo, grandes terapeutas como Viktor Frankl, Gianfranco Cecchin, Luigi Boscolo, Steve De Shazer, Cloé Madanes, Mony Elkaïm, Camillo Loriedo y los discípulos de

Milton Erickson, Jeffrey Zeig y Gunther Schmidt, por citar tan solo a algunos de los numerosos colegas o estudiosos de otras disciplinas con los que, a lo largo de más de treinta años de investigación-intervención, he tenido la oportunidad de intercambiar opiniones y la suerte de colaborar. En 2008 publiqué el texto *summa* de las elaboraciones teóricas sobre la lógica del cambio terapéutico y de las estrategias elaboradas para una terapia eficaz y eficiente de las psicopatologías más importantes (Nardone y Balbi, 2008). Algunas de aquellas ideas, como veremos en la última parte de esta obra, se han convertido en técnicas terapéuticas de probada eficacia, hasta el punto de ser consideradas idóneas para algunas formas de trastorno psicológico.

Llegados a este punto, el lector podría albergar con razón ciertas dudas sobre la necesidad de escribir otra obra sobre el tema, cosa que está justificada si tenemos en cuenta que en los últimos años tanto la investigación empírica como las elaboraciones técnicas relativas al cambio han conducido a convergencias importantes entre los estudiosos, que por una parte corroboran algunas perspectivas históricas y, por la otra, desvelan, gracias a nuevos métodos y experimentaciones, mecanismos y dinámicas del cambio que permiten una explicación de los mismos más clara y convincente, además de una más reproducible y predictiva aplicación de las técnicas para realizarlo estratégicamente.

La convergencia más importante la representa el constructo de «experiencia emocional correctiva», formulado por primera vez por Franz Alexander en 1946: «El principal resultado terapéutico de nuestro trabajo es la conclusión de que el paciente, para ser liberado de sus formas neuróticas de sentir y actuar, ha de sufrir nuevas experiencias emocionales capaces de acabar con los efectos morbosos de las experiencias emocionales de su vida anterior. Otros factores terapéuticos, como el *insigth* intelectual, la abreacción, el recuerdo del pasado, etc., están subordinados a este principio terapéutico [...]. Es una cuestión secundaria qué técnica se utiliza para producirlo» (Alexander y French, 1946).

El análisis del modo en que el cambio emocional puede llevarse a cabo de forma estratégica, es decir, como procedimiento para alcanzar objetivos prefijados, es la finalidad de este libro, en el que no nos limitaremos al campo clínico, aunque este es un ámbito de aplicación fundamental y sumamente atractivo incluso para el lector no especialista, sino que examinaremos cómo este tipo de cambio se aplica con eficacia en ámbitos aparentemente alejados de las experiencias emocionales correctivas, como la economía y el mundo de las organizaciones productivas, las relaciones internacionales y la política y, sobre todo, la vida personal e interpersonal de cada uno de nosotros, seres humanos «condenados» por naturaleza, cultura y experiencia, a oscilar continuamente entre cambiar y seguir siendo los mismos.

Giorgio Nardone

Centro di terapia Strategica, Arezzo

Abril de 2018

1. El cambio emocional correctivo

Todo conocimiento comienza por los sentimientos.

Leonardo da Vinci

Por numerosas que sean las teorías sobre el cambio y sobre el modo en que puede ser realizado, como veremos detalladamente en los capítulos siguientes, hay un constructo común a todos los enfoques: «el de la experiencia emocional correctiva». Tanto los estudiosos y los investigadores como los terapeutas y los *problem solvers* coinciden en que, para que se produzca un cambio real en el sentimiento y en la actuación es indispensable que el sujeto viva una experiencia que le haga descubrir algo que transforme su forma de ver las cosas. En otras palabras, el reconocimiento de haber adoptado un punto de vista distinto hace transformar completamente la realidad que está bajo observación. Esto no solo permite cambios terapéuticos en personas que sufren, sino que además permite al científico realizar descubrimientos importantes. Piénsese en la manzana de Newton y en cómo un hecho aparentemente banal, esto es, la fruta que cae sobre el gran científico, provoca en este una intuición perseguida pero no encontrada. Cuando William James declara, a propósito de los genios, que su característica esencial es «la facultad de percibir las cosas desde perspectivas no comunes», se refiere justamente a la capacidad de cambiar los puntos de vista y descubrir así lo que permanece oculto si mantenemos posturas rígidas. Pero si el genio posee este don o esta capacidad adquirida, al hombre corriente le cuesta mucho apartarse aunque sea ligeramente de su forma de pensar y de sus convicciones, y se aferra a ellas constantemente porque son la base de su identidad y estabilidad personal. No obstante, aunque pueda parecer extraño, la escasez de inteligencia o de conocimientos no son directamente proporcionales a la resistencia al cambio. Es más: son las personas más capaces y que han tenido más éxito las que están ligadas de forma más rígida a sus esquemas, porque, en virtud de nuestro funcionamiento mental, todos tendemos a volver a proponer los guiones de conducta triunfadores que, la mayoría de las veces, actúan por debajo de la conciencia y, por tanto, son muy poco controlables por la razón (Nardone, 2017). Por este motivo, incluso los auténticos genios han tenido terribles fracasos. Como el lector comprenderá perfectamente, hablar de cambio conduce inevitablemente a tomar también en consideración las resistencias que suscita.

Volvamos al constructo de experiencia emocional correctiva y preguntémonos: ¿cuál es la diferencia, en términos de dinámica, entre el descubrimiento de la ley de gravitación universal de Newton o la «casual» de la penicilina por parte de Alexander Fleming, y una taumatúrgica curación de un trastorno mental? Diría que muy poca, excepto que, utilizando las palabras del propio Fleming, «la casualidad ayuda a la mente preparada». Es decir, los dos científicos, gracias a su preparación como investigadores captaron algo que la mayoría de los seres humanos no es capaz de entrever ni de lejos. En cambio, el sujeto que padece una patología mental o es arrollado casual e inconscientemente por un hecho perturbador que lo lleva a cambiar sus percepciones y su modo de actuar, o ha de ser inducido por un terapeuta hábil a vivir una serie de experiencias emocionales correctivas capaces de sacarle de la trampa mental de su trastorno. Ahora bien, la dinámica de «efecto descubrimiento» que induce al cambio es isomorfa en ambos casos. Si pasamos de la ciencia y de la terapia al campo de la economía vemos que también se pueden observar dinámicas de cambio parecidas. Richard Thaler, premio Nobel de economía en 2017, explica claramente que el comportamiento económico responde mucho más a estrategias que indirectamente conducen al sujeto a «descubrir» la mejor opción respecto a «explicaciones racionales» sobre la elección que hay que realizar. En su libro *Nudge* (Thaler y Sunstein, 2009), expone de manera convincente la estrategia del cambio, que se produce dando pequeños empujones a un sistema de modo que este responda desencadenando una reacción en cadena que subvertirá completamente su equilibrio. Lástima que se olvidara de mencionar tanto a Kurt Lewin, quien casi cien años antes trató brillantemente este tema, y a Watzlawick y Weakland (1977) que, hace más de cuarenta años ya formularon el modelo del pequeño cambio que, cuando se introduce en un sistema complejo, desata la reacción en cadena del gran cambio. Ahora bien, el indiscutible mérito de Thaler consiste en haber aplicado este concepto a la economía. Uno de sus ejemplos más ilustrativos es el de la «arquitectura de la elección» *(choice architecture),* que se refiere a que, variando el modo de presentar las distintas opciones de elección a las personas se puede influir en gran medida en sus procesos de decisión. Por ejemplo, para cambiar los hábitos alimentarios de los chicos de la escuela primaria es suficiente disponer los alimentos en el comedor escolar de una manera determinada; con ello se consigue reducir el consumo de ciertos alimentos (por ejemplo, alimentos «basura») e incrementar el de otros (por ejemplo, alimentos sanos), sin necesidad de prescripción explícita alguna. Este experimento social también remite a estudios anteriores como los de Mayo y Zimbardo, es decir, a una época en que las ciencias sociales estaban muy poco influidas por los algoritmos estadísticos que, en los últimos tiempos, han empezado a dominar la metodología de la investigación, limitando bastante la capacidad real de descubrimiento del investigador, dedicado cada vez más al control estadístico de los procedimientos (Nardone, 2017). Daniel Kahneman, otro psicólogo galardonado con el premio Nobel de economía, pone de relieve, más aún que Thaler, que las decisiones y los cambios se producen mucho más bajo el influjo de las emociones que de la razón. En su obra *Thinking, Fast and Slow* (2011), explica claramente cómo las dinámicas inconscientes influyen en las conscientes mucho más que a la inversa, incluso en el campo frío y cínico de la economía. Si, como debería parecer evidente por todo lo expuesto hasta aquí, el cambio se produce la mayoría de las veces de una manera inconsciente y, en un segundo momento, a nivel cognitivo, habría que preguntarse por qué la mayor parte de las teorías más acreditadas sobre el cambio afirman lo contrario. En estas teorías, a lo sumo se le atribuye al cambio inconsciente el poder de propiciar modificaciones superficiales y no un cambio cualitativo real, porque se considera, una vez más, que este solo es posible mediante un proceso consciente. Aunque los hechos lo niegan continuamente, como se explicará más adelante, sigue prevaleciendo la noción preconcebida de inspiración platónica de que el pensamiento consciente y la conciencia cristalina son los que influyen sobre todo en nuestras acciones. ¡Se podría argumentar, irónicamente, que es el que lo estudia quien se resiste al cambio!

Recientemente, además, también las neurociencias han demostrado que la «mente antigua» influye en la «mente moderna» mucho más que a la inversa; sin embargo, tampoco esto parece menoscabar la fe en la razón y en el pensamiento racional como única y auténtica fuente de cambios profundos (Nardone, 2013). Asimismo, la psicología, nacida justamente de los estudios sobre la percepción y sobre cómo esta, con sus distorsiones y ambigüedades, es capaz de influir en nuestro modo de sentir y de actuar, en los últimos decenios se ha orientado hacia los aspectos cognitivos del funcionamiento de la mente. Este desplazamiento del foco de atención, claramente arbitrario pero dominante en la actual cultura psicológica, induce a considerar, de forma indirecta y raras veces explicitada, los procesos cognitivos como los máximos responsables del cambio. Es decir, es el conocimiento lo que hace cambiar. Por tanto, es necesario distanciarnos de esta convicción dogmática, desmentida además empíricamente, y estudiar el cambio mediante una metodología adecuada a su funcionamiento efectivo. En la práctica, esto significa estudiarlo a través de su propia aplicación y comprobar, por tanto, a partir de los resultados, los mecanismos que lo producen. En palabras de Kurt Lewin, «si quieres conocer cómo funciona un sistema, intenta cambiar su funcionamiento» (1951, 2005). Siguiendo esta línea, hace más de treinta años que empezamos a experimentar el método alternativo de «cambiar para conocer», esto es, elaborar estrategias y estratagemas para obtener cambios concretos que, si resultan ser eficaces y se pueden reproducir para los mismos problemas, permiten comprender cómo esas realidades persisten en su equilibrio y cómo pueden ser modificadas. Se trata del método conocido como «investigación-intervención», mediante el que se conoce cómo funciona un problema gracias a su solución, en vez de intentar conocer una realidad para introducir después el cambio (Watzlawick y Nardone, 1997; Nardone, 2005; y Nardone y Portelli, 2005; Nardone y Watzlawick, 2005; Wittezaele y Nardone, 2016).

Aplicando sistemáticamente este método de investigación-intervención empírico-experimental a decenas de miles de situaciones humanas que necesitaban un cambio terapéutico, relacional y organizativo estratégico, las soluciones adoptadas con éxito y reproducidas han puesto de manifiesto que los seres humanos tienden a aplicar a su vida esquemas de percepción y de reacción redundantes. Se trata de auténticos guiones de acción activados por modalidades redundantes de percepción de la realidad, que hemos llamado «sistemas perceptivo-reactivos» y que funcionan como los sistemas biológicos autopoiéticos descubiertos por Humberto Maturana, es decir, esas dinámicas que en un sistema vivo se alimentan a sí mismas en virtud de su funcionamiento. En palabras más comprensibles incluso para los no expertos en la materia, se trata de formas de percibir la realidad, tanto externa como interna, mediante el filtro de un esquema rígido y cerrado en sí mismo que activa respuestas psicobiológicas redundantes no mediadas por la conciencia ni activadas por la voluntad, sino determinadas de manera automática. Desde un punto de vista observacional, el sistema perceptivo-reactivo se manifiesta en las modalidades redundantes que un individuo pone en práctica en la gestión de su realidad personal, interpersonal y social. Por ejemplo, el que pretende tenerlo siempre todo bajo control, o la persona que busca constantemente protección y seguridad, o que necesita una confirmación social continua, o incluso el sujeto que busca continuamente sensaciones fuertes, por citar algunos de los casos más relevantes (Nardone, 1993, 2000, 2003a, 2013, 2016a; Nardone y Portelli, 2013). A estos hay que añadir también los sistemas perceptivo-reactivos más complejos, porque están construidos por más de una modalidad constante de sentir y de actuar, que se combinan creando una estructura todavía más persistente y resistente al cambio. Cuando determinados sistemas perceptivo-reactivos se repiten y anquilosan se estructuran en auténticas psicopatologías. Es el caso, por ejemplo, del típico sistema perceptivo-reactivo del fóbico, constituido por la evitación sistemática de aquello que le provoca miedo, por la búsqueda constante de seguridad y protección y por el intento fallido de controlar sus reacciones fisiológicas; o bien del sistema perceptivo-reactivo del inseguro, caracterizado por la delegación continua de las responsabilidades y la procrastinación de sus actos; o el del paranoico, que tiende a la defensa preventiva y al apartamiento social defensivo; o incluso de la puesta en práctica de rituales para la fobia por parte del obsesivo compulsivo, asociada a la evitación y a la búsqueda de seguridad en los demás; o de la necesidad constante de comprobar la posible presencia de enfermedades del hipocondríaco, combinada con la búsqueda de apoyo diagnóstico-especialista y el discurso continuo sobre salud y patologías.

Como hemos aclarado antes, con los años hemos formalizado los sistemas perceptivo-reactivos que son la base de las psicopatologías más importantes precisamente gracias a las estrategias terapéuticas que han demostrado ser eficaces para su resolución. Cioran afirma: «Todo problema profana un misterio que a su vez es profanado por su solución». Todas las soluciones terapéuticas, elaboradas de manera específica para las distintas formas de trastorno, están basadas en estratagemas dirigidas a provocar experiencias emocionales correctivas capaces de cambiar las percepciones del sujeto y, en consecuencia, sus reacciones. La mayoría de las veces esto ocurre sin que el sujeto sea del todo consciente —ni antes, ni durante la experiencia— a fin de superar sus naturales resistencias al cambio. Paul Watzlawick, con su extraordinaria sagacidad, a esta modalidad para inducir el cambio la llamó «eventos casuales planificados», es decir, hechos que al paciente (que no prevé su efecto) le parecen «casuales», pero que en realidad son «planificados» por el terapeuta, que aplica las estrategias adecuadas para provocar la experiencia emocional correctiva. Por lo tanto, la actuación del especialista tiende a activar, con precisión quirúrgica, una nueva dinámica entre el sujeto y su realidad, rompiendo la rigidez y la reiteración de los guiones disfuncionales, que se han convertido en mecanismos automáticos. Lo que se pretende es que la persona, más que entender, descubra a través de la experiencia concreta de cambio vivida que está en condiciones de superar su malestar y su trastorno. Solo cuando ya se ha producido el cambio se ofrecen todas las explicaciones necesarias en este momento para reforzar el efecto y hacerlo consciente y reproducible.

En 1999, la American Psychological Association publicó un estudio sobre el cambio terapéutico, en el que se expone que el 75% de las personas que pide ayuda psicológica puede resolver sus problemas en un tiempo no superior a los seis-ocho meses mediante intervenciones terapéuticas centradas en la solución real de los problemas y en experiencias concretas de cambio (Hubble *et al.,* 1999). Pese a ello, en el ámbito de las teorías y de las prácticas del cambio terapéutico, todavía persiste la idea de que todo se produce de manera espontánea e imprevisible, como consecuencia de una relación empática entre terapeuta y paciente que exige niveles de conciencia cada vez más elevados (Stern, 2004). Ciertamente, no puede negarse que a veces las personas cambian su manera de sentir y de actuar debido a hechos totalmente casuales e imprevistos, pero en el ámbito terapéutico cabe esperar razonablemente que el especialista aplique estrategias experimentadas y eficaces para inducir los cambios deseados en vez de pensar que el cambio ha de producirse como resultado imprevisible, en el tiempo y en la forma, de una relación terapéutica empática. No es casual que el número de *drop-out,* es decir, de pacientes que abandonan la terapia por insatisfacción, sea cada vez más elevado. A este respecto, un conocido estudioso del cambio terapéutico (Bloom, 1991) destacaba que la duración media de los tratamientos era de ocho sesiones, pero no porque estos concluyeran rápidamente con un resultado positivo, sino más bien porque los pacientes, en la mayoría de los casos, abandonaban las terapias. En cambio, en el caso de los tratamientos estructurados para producir principalmente y, por tanto, también rápidamente, experiencias emocionales correctivas, el número de abandonos se reduce drásticamente (Nardone y Watzlawick, 1990; Watzlawick y Nardone 1997; Nardone y Balbi, 2008; Nardone y Salvini, 2013).

Como el lector entenderá perfectamente, lo que marca la diferencia es si la experiencia emocional correctiva, que para la mayoría de los estudiosos, como ya se ha dicho, representa la fuente fundamental del cambio, es un efecto casual o es producida deliberadamente mediante métodos específicos. Es evidente que nosotros nos identificamos con la segunda perspectiva y nos parece realmente desfasado defender la primera, por no decir que la consideramos incorrecta incluso desde un punto de vista ético y profesional. Lo absurdo es que precisamente los partidarios de esta práctica acusan a los que actúan estratégicamente de ser manipuladores poco éticos de sus pacientes, como si la utilización de técnicas específicas de diálogo clínico y de prescripciones fuese una coacción manipuladora y, en cambio, fuese éticamente respetuoso para la persona hablar de sus vivencias, con el correspondiente adoctrinamiento de su propia teoría, sin darle indicación directa alguna de cómo realizar el cambio deseado. Además, esta perspectiva queda claramente desmentida por las investigaciones que demuestran de forma indiscutible que las terapias específicas, es decir, las elaboradas tomando como base los distintos tipos de trastorno, son mucho más eficaces y eficientes que las no específicas, esto es, las que utilizan las mismas técnicas para las distintas formas de trastorno (Castelnuovo *et al.,* 2013). Tampoco tiene sentido la discusión sobre la presunta «manipulación», basada en que, para inducir el cambio, se utilizan técnicas que recurren a la persuasión y al convencimiento, modalidades de comunicación que no fuerzan al sujeto, sino que, a lo sumo, lo inducen a superar sus resistencias y sus límites, permitiéndole así resolver también su malestar (Nardone, 2015).

En las prácticas orientadas a producir el cambio aún sigue muy arraigada la convicción de que, para que este sea efectivo, ha de basarse en la eliminación de las causas que han generado el problema. Al parecer, de nada sirve que la ciencia del siglo pasado demostrara que es el hombre el que atribuye una causalidad lineal a hechos y fenómenos evolutivos que se sostienen en una causalidad circular, como la relación que cada uno de nosotros mantiene consigo mismo, con los demás y con el mundo (Von Foerster, 1973; Watzlawick, 1981; Von Glasersfeld, 1995). De hecho, aun admitiendo que puedan reconstruirse las causas pasadas de los trastornos presentes, estas no podrán ser modificadas y su revelación y comprensión no conducirá, como ya indicaba Alexander, al cambio catártico.

«La anterior creencia de que el paciente sufre por reminiscencias ha penetrado tan profundamente en la mente de los analistas que a muchos aún hoy les cuesta reconocer que el paciente sufre no tanto por sus reminiscencias como por la incapacidad de enfrentarse a los problemas reales del momento. Los hechos pasados naturalmente prepararon el camino a sus dificultades actuales, pero si es así todas nuestras reacciones dependen de conductas pasadas. El simple recuerdo de que un hecho intimidatorio es desmoralizador no cambia el efecto de esa experiencia. Solo una experiencia correctiva puede anular el efecto de la vieja. Esta nueva experiencia correctiva puede ser proporcionada por la relación transferencial, por nuevas experiencias de vida o por ambas cosas» (Alexander y French, 1946).

El lector debe saber, además, que la presunta indiscutible teoría de que para resolver un problema hay que conocer las causas es desmentida incluso por la práctica médica, de modo que más del 80% de las enfermedades es tratado con éxito sin saber exactamente qué es lo que las ha causado. En realidad, para inducir un cambio he de intervenir en la persistencia del trastorno actual y no en su formación en el pasado, como la lógica nos indica claramente.

Resumiendo lo dicho hasta aquí, podemos afirmar con pruebas que:

1. El cambio emocional correctivo, respecto de un trastorno psíquico y conductual o a una situación de malestar que no permite la plena realización de los objetivos del individuo, exige experiencias concretas que rompan los rígidos

esquemas de percepción y reacción que el sujeto utiliza de forma redundante.

2. Las experiencias concretas de cambio no son, en la mayoría de los casos, el fruto de razonamientos conscientes y de actos responsables, sino de hechos no previstos por quien los vive, que crean un efecto descubrimiento.

3. El cambio real se produce mediante hechos y experiencias en el presente, y no a través de reminiscencias y análisis del pasado.

4. Estas experiencias emocionales correctivas pueden suceder casualmente, pero se transforman en la producción de cambios reales solo si el sujeto consigue sacar provecho de lo que la experiencia vivida le permite descubrir.

5. Los cambios emocionales correctivos pueden producirse mediante técnicas de intervención dirigidas a lograr que el sujeto tenga una percepción diferente de su realidad problemática, así como una reacción distinta frente a esta.

6. Las estrategias construidas *ad hoc* para producir cambios específicos funcionan mucho mejor que los enfoques en que se utilizan prácticas generalizadas y no específicas.

7. Por último, cosa que no hay que subestimar, el cambio es un fenómeno constante en nuestra existencia que no puede ser evitado. Utilizando las palabras de Buda, «la única constante de la vida es el cambio». Si el cambio no es evitable, hay que aprovecharlo y convertirlo en estratégico, es decir, orientado a la consecución de nuestros objetivos personales. Como sostiene Ernst von Glasersfeld (1995), debemos incrementar continuamente nuestra «conciencia operativa», esto es, nuestra competencia en materia de *problem solving*, que nos permite gestionar activamente nuestra existencia, ya que en cualquier caso somos responsables de ella, incluso cuando nos sentimos víctimas inermes. Creer que se puede no asumir la responsabilidad de gestionarnos a nosotros mismos y nuestra relación con los demás y con el mundo es una

pura ilusión: se trata de un propósito que nos convierte en artífices justamente de esa realidad de la que luego nos sentiremos víctimas inermes. Nos guste o no, como sugiere brillantemente Ortega y Gasset, «somos los narradores de la novela de nuestra vida; podemos decidir ser escritores plagiarios u originales, pero en cualquier caso condenados a ser libres de elegir». En términos analógicos, podemos decidir comportarnos como el avestruz que mete la cabeza bajo la arena para no ver al león que va a devorarla, o podemos asumir la responsabilidad de ser hábiles pilotos de nuestro bajel y, surcando el océano de nuestra existencia, ser capaces de montar las olas que inexorablemente encontraremos en nuestra travesía.

2. Cambia la mente, cambia el cerebro

Todo es energía y esto es todo lo que hay.
Esto no es filosofía, esto es física.
Albert Einstein

Al tratar del cambio en las personas no podemos dejar de abordar el tema desde el punto de vista de las neurociencias porque estas disciplinas se han convertido en un paso obligado para el que se ocupa de fenómenos mentales y conductuales. Como sostienen Legrenzi y Umiltà (2009) en su libro *Neuro-mania*, esta moderna área científica muchas veces está sobrevalorada en cuanto a sus poderes reales y resultados porque la fascinación que ejercen las técnicas de *neuroimaging* del cerebro hace que incluso el investigador más experto olvide que lo que se ve no es más que una representación gráfica computarizada y no el órgano real. Lo que se observa de hecho son los flujos sanguíneos al cerebro y no las activaciones concretas de emociones y reacciones. El hecho de que, en determinadas condiciones, un cerebro active ciertas zonas en vez de otras no significa que estas sean responsables del fenómeno que se está observando, porque podrían ser solamente su efecto. Por supuesto, la posibilidad de realizar neuroimágenes instantáneas de las activaciones cerebrales ha dado un enorme impulso a la investigación sobre cómo funcionamos e interactuamos con nuestra realidad; un impulso que se incrementa continuamente pero que, como debería ocurrir con todas las innovaciones, debe tratarse con cierto sano escepticismo, propio del investigador no ingenuo que nunca debe enamorarse de su tecnología o de sus teorías, so pena de ser engañado y confundido.

Una vez hecha esta consideración, veamos qué dicen las neurociencias sobre el cambio, sus dinámicas y sus procesos en el interior de nuestro organismo, y sobre cómo estos interactúan con el mundo exterior.

En un pasado no demasiado remoto se creía que las distintas áreas del cerebro humano eran por naturaleza predefinidas e inmutables, es decir, la dotación biológica no solo se consideraba fundamental para el desarrollo del individuo, sino también inmodificable. A esta tesis se añadía además la idea de que la producción de neuronas se interrumpía una vez acabado el desarrollo. Es decir, se consideraba que el cerebro, una vez desarrollado, se estabilizaba y ya no evolucionaba, sino que estaba condenado con el paso del tiempo a un lento, progresivo e inexorable deterioro. Se creía que el cerebro, como si fuese una especie de sol, surgía y alcanzaba su apogeo, para avanzar luego gradualmente hacia su ocaso. La posibilidad de modificar la plasticidad cerebral se reservaba al «período crítico», esto es, al período de tiempo que va de la infancia a la pubertad, durante el que se observaba empíricamente la capacidad del cerebro de absorber como una esponja y aprender sin grandes dificultades habilidades complejas, como las lenguas, y desarrollar elevadas capacidades atléticas o artísticas. En los últimos veinte años todo esto ha cambiado: se ha demostrado que el cerebro, si se ejercita constantemente, sigue desarrollándose en algunas zonas hasta la muerte (Goldberg, 2006), y la prevención actual de las enfermedades degenerativas, así como las intervenciones de rehabilitación, se basan sobre todo en actividades mentales y motrices que hay que practicar con constancia. No solo eso, sino que a lo largo de la vida las conexiones entre neuronas aumentan de forma directamente proporcional a la experiencia de descubrimiento y de aprendizaje que vive el sujeto. El adulto, como el niño magistralmente descrito por Jean Piaget, gracias al proceso de adaptación y adquisición continúa desarrollando sus capacidades mentales y redes neuronales. Este tipo especial de evolución que integra nuevos aprendizajes y habilidades activa modificaciones importantes en los circuitos neuronales. Como demostró con sus estudios el premio Nobel Eric Kandel (1998, 2001), la actividad mental modela el cerebro en vez de ser un mero producto de este. Dicho de manera más simple, esto significa que nuestra interacción activa con la realidad, a través de la percepción, la reacción emotiva, la palabra, el pensamiento y la acción, influyen mucho en el funcionamiento de nuestro cerebro biológico y determinan no solo sus respuestas fisiológicas sino también su arquitectura estructural (Kandel, 2001; Doidge, 2007, 2015). Los sentidos, la imaginación y el movimiento son vehículos de interacción con nuestra realidad interna y externa que modelan dinámicas específicas bioquímicas y eléctricas, que son la base del funcionamiento del cerebro y de nuestra vida (Gazzaniga, 1999).

Cada hombre, como afirma Joseph LeDoux (2002), es siempre un conjunto complejo de biología y biografía. Si bien la biología influye en la biografía, la propia biología a lo largo de toda la evolución de la vida no es más que un conjunto de adaptaciones homeostáticas al ambiente, es decir, una larga biografía de la propia vida, o bien un «nacemos y nos convertimos en» (Nardone, 2017). A este respecto, una de las leyes fundamentales de la neuroplasticidad cerebral —la ley de Hebb— afirma que las neuronas que se activan conjuntamente se unen entre sí: una experiencia mental repetida provoca cambios estructurales en las neuronas que elaboran la experiencia, reforzando e incrementando las conexiones sinápticas. Dicho de otro modo, cuando experimentamos cosas nuevas que nos hacen aprender algo, determinados grupos de neuronas se unen entre sí creando una nueva unidad específica. Si esa experiencia se repite, esta unidad se especializa cada vez más y responde de manera cada vez más rápida, intensa y precisa; el circuito neuronal se vuelve cada vez más eficaz y eficiente en la obtención de lo que le es exigido por la interacción con la realidad. Si bien Hebb anticipó lo que las modernas neurociencias han confirmado, mucho antes que él Sigmund Freud, en 1888, llamó «asociación por simultaneidad» a aquello que unía las neuronas, es decir, a su activación simultánea. Con mayor precisión aún, William James (1890) sostuvo que «cuando unos procesos cerebrales elementales se activan simultáneamente o en una sucesión inmediata, uno de estos en una reactivación posterior tenderá a transmitir su excitación al otro».

Cambiar el modo de actuar, las disposiciones emocionales y cognitivas desadaptativas significa cambiar también la disposición de las sinapsis y de las estructuras cerebrales, como pone en evidencia Valteroni (2016) en un ensayo sobre neurociencias y psicoterapia. Manna y Daniele (2014), siguiendo la misma línea, afirman que en el pasado, aunque sin tener aún las pruebas biológico-orgánicas, ya sabíamos que la psicoterapia era capaz de producir, además de cambios perceptivo-emocionales y cognitivo-conductuales, alteraciones de las actividades mentales y cerebrales.

Hoy en día, las modernas técnicas de *neuroimaging* nos han permitido por fin detectar concretamente los efectos neurobiológicos de las intervenciones psicológicas. Sin embargo, como ya hemos dicho, para que esto se produzca realmente no es suficiente la empatía entre terapeuta y paciente, ni tampoco el desarrollo de una gran conciencia de las raíces de los propios problemas; lo que sí se necesita, en cambio, son experiencias correctivas concretas capaces de provocar el cambio que alterará la homeostasis biológica del sujeto. De hecho, como demuestran claramente las investigaciones neurocientíficas a las que hemos aludido, el cambio personal no puede producirse sin una experiencia que rompa los esquemas perceptivos y reactivos que, tras un ejercicio reiterado, se convierten en aprendizajes que, a su vez por repetición, se constituyen en adquisiciones que tienden a mantenerse y a activarse automáticamente (esto es, representan una homeostasis psicobiológica). La simple adición de nuevos aprendizajes no basta para producir la ruptura de los esquemas automatizados de funcionamiento neurobiológico porque, como ya afirmaba Claude Bernard (1859) hablando del principio de homeostasis, todo sistema tiende a oponerse a su propia alteración. Los aprendizajes conscientes actúan en el conocimiento y en la conciencia pero, como demuestra claramente LeDoux (2002), el canal *top-down* (de arriba abajo), de la mente moderna a la antigua, apenas es capaz de efectuar esos cambios que sí se producen en sentido inverso (*bottom-up:* de abajo arriba), cuando la vivencia evoca sensaciones que activan el paleoencéfalo antes que el telencéfalo. Todo esto demuestra el papel decisivo que para el cambio del sentir y actuar de la persona tiene la experiencia emocional correctiva, concebida como una vivencia concreta que altera el equilibrio homeostático activando nuevas respuestas psicofisiológicas producidas por una percepción fuertemente desestabilizadora. Todo esto indica, además, que esta experiencia capaz de destruir el modelo de funcionamiento está mucho más relacionada con los sentidos que con la razón. Según afirma Tomás de Aquino, «Nada llega al intelecto que no haya pasado antes por los sentidos».

Paul Watzlawick (1977), a finales de los años setenta, retomando los trabajos del padre de las modernas neurociencias, Michel Gazzaniga, demuestra haber entendido bien este aspecto cuando llama «lenguaje del cambio» a ese tipo especial de comunicación performativa[1] capaz de evocar sensaciones además de dar explicaciones. Igualmente, el hecho de prescribir a los sujetos actos que indirectamente les hagan descubrir, mediante experiencias reales vividas sin conocer su verdadero objetivo, nuevos y alternativos modos de sentir y de actuar, activa recursos que esos sujetos ignoraban que poseían. Como el lector comprenderá, todo esto se opone al preconcepto, arraigado en la cultura racionalista, según el cual el acto consciente de pensar sería el presupuesto de los cambios efectivos del individuo, que en virtud de esto debería modificar voluntariamente su propio actuar y sentir. Parece casi increíble que, a pesar de lo que dicen las neurociencias, esto es, que más del 80% de nuestras actividades mentales más importantes se produce por debajo del nivel de la conciencia (Koch, 2012), las llamadas «ciencias cognitivas» y las teorías del cambio, excepto las interaccionales estratégicas, sigan aferradas a la idea del predominio de la conciencia sobre la inconsciencia (Nardone, 2017).

Esto no significa que la conciencia y los actos planificados conscientemente no sean importantes para el cambio, sino que en la

---

1   A diferencia del lenguaje «descriptivo indicativo», típico de la explicación y de la descripción de las características de las cosas, el lenguaje «conminatorio-performativo» (Austin, 1962; Spencer Brown, 1969) es el típico de la influencia, constituido por las formas de comunicación que evocan o inducen sensaciones que a su vez producen efectos que van más allá de su valor semántico.

secuencialidad de su proceso se requieren en primer lugar las experiencias emocionales correctivas, luego el hecho de ser consciente de los mecanismos activados y solo al final la capacidad de aprender a planificarlos conscientemente. La secuencia es:

> **percepciones** (que desestabilizan la homeostasis) → **reacciones no conscientes** (que activan nuevas respuestas psicológicas) → **descubrimiento de modalidades alternativas y elaboración cognitiva** → conciencia del proceso de cambio → **adquisición de capacidad consciente de planificar** y aplicar este descubrimiento aprendido.

De todo esto se deriva que una intervención orientada al cambio efectivo del modo de sentir y de actuar de la persona ha de prever ante todo una primera fase decididamente «performativa» en la que, mediante el uso de técnicas específicas y de una comunicación sugestivo-evocativa, además de explicativa, se produzca la experiencia emocional correctiva. Esto puede ser el efecto de distintas modalidades terapéuticas, en el coloquio o fuera de este, mediante prescripciones. Una vez cumplido este primer objetivo fundamental, habría que proceder a realizar todos los otros cambios necesarios para alcanzar el fin último de la intervención. Este proceso «gradual», que persigue el «cambio» por «efecto descubrimiento», en vez de basarse en técnicas y en un lenguaje de fuerte impacto emocional, debería realizarse mediante indicaciones explícitas y acuerdos planificados, utilizando una comunicación cada vez menos sugestivo-evocativa y cada vez más indicativo-directiva, a fin de que el sujeto se convierta progresivamente en protagonista activo de su proceso de cambio.

3. Cambio: tipos dinámicos

No busques la culpa, busca el remedio.

Henry Ford

Lo que hemos dicho hasta aquí nos permite sintetizar distintas formas de cambio y sus características, no solo en cuanto a su eficacia en la alteración del equilibrio homeostático del sistema humano al que son aplicadas, sino también a su practicabilidad y previsible evolución. Watzlawick describía dos tipos de cambio: de primer y segundo orden (Watzlawick *et al.*, 1974). El primero se refiere a las modificaciones que se producen en el interior de un sistema, pero sin alterar su esquema; el segundo, por el contrario, es un cambio que destroza el equilibrio del sistema y lo obliga a reorganizarse. Watzlawick utiliza la ilustradora analogía del soñar: el cambio de primer orden afecta a todas las peripecias que el sujeto vive en el sueño. El cambio de segundo orden está representado por el despertar. René Thom, con su «teoría de las catástrofes» (1990), llama a este segundo tipo «cambio catastrófico», mientras que la mecánica cuántica lo denomina «salto cuántico» o simplemente *saltus,* en latín, para indicar con ese término un auténtico cambio de estado del fenómeno.

En el caso de la investigación-intervención, llevada a cabo conjuntamente con Paul Watzlawick, sobre cómo los seres humanos modifican su forma de actuar y de sentir, observando los tipos de cambio en distintos contextos de interacción, además del clínico, se observó que ya no era posible limitarse a las dos únicas variantes evaluadas sobre la base de su efecto, sino que había que considerar también otros factores, como la estructura dinámica del proceso de cambio. Utilizando este criterio se han distinguido tres tipos:

a. *El cambio catastrófico:* una experiencia que repentinamente rompe los esquemas del equilibrio anterior. En la naturaleza, el rayo que derriba el árbol.

b. *El cambio gradual:* una serie progresiva de experiencias de pequeños cambios que conduce a la gran y radical subversión del equilibrio del sistema. En la naturaleza, la técnica del virus que se propaga lentamente hasta dominar el organismo.

c. *El cambio geométrico-exponencial:* el desencadenamiento de un proceso de aceleración progresiva del cambio a partir de una mínima alteración del funcionamiento del sistema hasta llegar al efecto catastrófico final. En la naturaleza, el efecto avalancha originado por un mínimo movimiento de nieve que desencadena una acumulación de energía cinética que acaba produciendo una enorme avalancha.

En los últimos años también se ha añadido el cambio por serendipia.[1] Se trata del efecto descubrimiento, bien representado por el ya citado ejemplo de Fleming, quien, habiéndose olvidado de destruir unos cultivos de bacterias, descubre casualmente el poder antibiótico de la penicilina y, gracias a ello, desarrolla la defensa terapéutica más importante en la historia de la medicina. En la naturaleza, los efectos casuales son la regla y no la excepción, pero como nos han demostrado la ciencia y la tecnología, además del arte, se puede operar de manera deliberada para producir efectos descubiertos aparentemente «por casualidad». Por ejemplo, puedo hacer que un sujeto concentre su atención en una prescripción que está siguiendo, de manera que, absorto en esta tarea, consiga hacer algo que antes no era capaz de hacer y no se dé cuenta hasta más tarde. El gran hipnoterapeuta Milton Erickson era un auténtico maestro en este tipo de cambios terapéuticos; gracias a su magistral uso del lenguaje hipnótico, des-

---

1 Se entiende por «serendipia» el fenómeno por el que una persona que está actuando con un objetivo concreto «tropieza» casualmente con un hecho inesperado que le hace descubrir algo que antes nunca había considerado.

viaba la atención de los pacientes hacia cosas que les resultaban agradables, de manera que los hacía vivir experiencias que de otro modo habrían sido imposibles.

El arte de la estratagema en la antigua China define esta modalidad de efectuar cambios, y no es casual que «surcar el mar a espaldas del cielo» sea el título de otro libro en el que se resumen las estrategias y las estratagemas terapéuticas basadas en lógicas no ordinarias elaboradas a lo largo de veinte años de investigación-intervención en la solución de los problemas humanos más invalidantes (Nardone y Balbi, 2008). Por ejemplo, si a una persona que sufre ataques de pánico le pedimos que en el momento mismo en que es presa del miedo patológico coja papel y pluma y, observándose, escriba lo que le está ocurriendo,[2] cuando haya terminado de anotarlo se dará cuenta de que la crisis ha desaparecido por completo; es decir, el ataque de pánico no ha llegado al máximo y la persona ha recuperado el control de sus percepciones y reacciones.[3] Cuando la mente se centra en el seguimiento exacto de lo que está sucediendo, se distrae de la reacción de pánico y recupera «espontáneamente» el control. La comprobación de este sorprendente resultado representa una experiencia emocional correctiva que surge del efecto del descubrimiento, como consecuencia de la ejecución de una tarea aparentemente dirigida a otro objetivo: investigar el fenómeno que se está produciendo. Como afirmaba Werner Heisenberg, el fundador de la mecánica cuántica, mientras mides una realidad pierdes el contacto con ella, un hecho por lo general negativo, pero que en el caso del ataque de pánico se transforma en un recurso terapéutico.

2   Por lo general, se le pide al paciente que anote en un cuaderno las siguientes informaciones: fecha y hora, el lugar donde se encuentra y las personas que están presentes, la situación que está viviendo y los pensamientos que se le ocurren en ese momento, los síntomas amenazadores que proceden de su cuerpo y las reacciones que activan.

3   Esta prescripción se conoce con el nombre de «Diario de a bordo» y se utiliza como maniobra para crear una primera experiencia emocional correctiva en el caso de pacientes que sufren ataques de pánico o momentos de ansiedad invalidantes (Nardone y Watzlawick, 1990; Nardone, 1993, 2000, 2003a, 2016a).

Otro ejemplo ilustrativo de este tipo de cambio es la utilización de un proceso formativo como medio para introducir el cambio estratégico en el seno de una realidad empresarial, una estrategia muy útil para las situaciones en que las personas interesadas demuestren una marcada resistencia al cambio porque están convencidas de tener razón y, por lo tanto, de estar desempeñando su profesión del mejor modo posible.

Imaginemos un grupo de directivos que están al frente de varios departamentos de una gran empresa, muy competentes todos ellos en su ámbito pero muy poco colaboradores entre sí, como un equipo de fútbol compuesto por campeones que desean manifestar al máximo su talento y que, para lograrlo, en vez de cooperar tienden a exhibir sus cualidades individuales. Difícilmente alguno de ellos está dispuesto a poner en cuestión su propio trabajo y todos creen que el problema está en los demás. Esto hace que su relación sea simétrica y competitiva, y no complementaria y cooperativa, como debería ser teniendo en cuenta que el objetivo es común. En estos casos solemos proponer al equipo la opción, no la obligación —porque esto provocaría resistencias a la participación—, de una formación siguiendo el modelo del *problem solving* estratégico (PSE). Por lo general, es suficiente que uno de ellos acepte para que lo hagan todos los demás, pues nadie quiere quedarse atrás. De modo que se utiliza la competición entre ellos para hacerlos trabajar juntos. El proceso de la formación «enmascarada» comienza con una breve exposición de la secuencia operativa y de las técnicas del modelo de PSE; después, se prepara al grupo para desarrollar un ejercicio con el fin de poner a prueba el modelo aplicándolo a un problema real planteado por su situación. Esta fase de selección del problema crea una dinámica nueva de cooperación, puesto que hay que decidir en qué problema sería preferible aplicar la intervención de PSE. Por lo general, el hecho de hacerlos trabajar juntos, ayudándolos a aplicar de forma correcta las distintas técnicas —definir concretamente el problema, coincidir exactamente en los objetivos que hay que alcanzar para resolverlo, analizar todos los intentos de solución fallidos hasta ese momento, hasta que surjan las propuestas de solución alternativas que podrían funcionar— hace que, por primera vez, se tenga la sensación de «cooperación» sin que haya sido solicitada de forma explícita. Se descubre así que trabajar en equipo en ciertos asuntos permite obtener algo que sería difícilmente alcanzable trabajando por separado. Tras esta experiencia emocional correctiva será suficiente programar encuentros de equipo sobre la aplicación de las técnicas a otros problemas para lograr que el grupo, como suma de individuos, se transforme en un conjunto, que representa más que la mera suma de sus partes. Aparentemente, se enseña a actuar aplicando un modelo especial de *problem solving;* en realidad se obtiene mucho más: hemos logrado que, a través de la experiencia, se descubra la ventaja de cooperar en vez de competir en el seno de una organización. Y la experiencia es el resultado de una estrategia indirecta, no de una explicación y una prescripción directas; una estrategia es capaz de superar las resistencias individuales y crear una relación complementaria en lugar de la simétrica.

El efecto descubrimiento es tanto más eficaz cuanto menos deliberado: cuanto menos esperamos encontrar algo, más nos sorprende. Lo sorprendente actúa como una «iluminación» budista y crea una percepción distinta de la realidad que provoca nuevas reacciones. Todo esto no exige necesariamente la ejecución de acciones, sino que puede ser el efecto de preguntas planteadas estratégicamente para orientar hacia la adopción de diferentes perspectivas, o puede ser el resultado de un enunciado muy evocador, como una analogía apropiada, un aforismo o la narración de una historia sugestiva, o incluso el producto de una paráfrasis de las afirmaciones del interlocutor que conduce a su *reductio ad absurdum.* En cualquier caso, lo importante es que lo que ha sido «descubierto» mentalmente se traduzca luego en la práctica en acciones concretas porque, como afirmaba Aristóteles, «somos lo que hacemos repetidamente». De hecho, el cambio que solo es de pensamiento tiende a disolverse, mientras que el que se pone en práctica de manera reiterada se consolida en un nuevo esquema de adquisición adaptativa.

4. Cambio: tipos según el efecto

*Yo puedo hacer cosas que tú no puedes, tú puedes hacer cosas
que yo no puedo, juntos podemos hacer grandes cosas.*

Madre Teresa de Calcuta

4.1. Cambios inestables y cambios persistentes

Uno de los temas más debatidos a propósito del cambio personal
es el que se refiere a su condición de definitivo y duradero o de
momentáneo e inestable en el tiempo. Sobre este tema, los distintos
enfoques teórico-prácticos se disputan continuamente la superiori-
dad, partiendo del presupuesto de que solo es eficaz el cambio que,
una vez realizado, se mantiene en el tiempo. No obstante, si bien
esto es razonable cuando se trata de una intervención de cambio
terapéutico, es decir, en el paso de una situación de enfermedad a un
estado de salud, no es nada apropiado si se aplica a la evolución y al
crecimiento de la persona, que se caracteriza por constantes cambios
evolutivos, biológicos, psicológicos, relacionales y sociales. Por tanto,
la cuestión es mucho más compleja que un simple debate sobre las
virtudes de los cambios que persisten respecto a las carencias de los
inestables. En la naturaleza todo evoluciona y nada es inmutable.
Los cambios que un sujeto realiza en su modo de sentir y de actuar
a lo largo de su vida, consciente o inconscientemente, de manera
planificada o casual, no afectan solo a los aspectos terapéuticos, sino
que implican toda su experiencia personal, relacional, social y profesional. Según algunas teorías, el cambio terapéutico es algo que
domina en toda la vida del individuo y su práctica debe presidir
cualquier experiencia para que esta sea adecuada. Tal generalización a

menudo ha producido daños comparables a una auténtica epidemia, porque cuando una teoría se transforma en ideología se convierte en el filtro para cualquier evaluación e interpretación de la realidad. No en vano afirmaba Georg C. Lichtenberg: «La ortodoxia de la razón atonta más que cualquier religión». En el siglo pasado, las ideas del psicoanálisis, aunque fecundas, penetraron en todos los ámbitos de la vida occidental, convirtiéndose en una especie de llave maestra interpretativa capaz de desvelar cualquier misterio y de conducir al bienestar no solo del individuo, sino también de la colectividad. Uno de los psicoanalistas más famosos, James Hillman, escribió a finales del siglo pasado un libro cuyo título ya lo dice todo sobre el tema: *Cien años de psicoanálisis. Y todo sigue igual* (Hillman y Ventura, 1992).

Lo mismo podríamos decir respecto de la extrema confianza depositada en la ciencia biológica y en su promesa de una «píldora de la felicidad», concretada en el conocido fármaco antidepresivo Prozac, que se ha convertido en la panacea de todos los males y en una garantía de vida serena. El lector ha de saber que actualmente en Estados Unidos, que por lo general anticipa los fenómenos que luego se extienden al resto del mundo, el consumo de fármacos opiáceos *pain-killer,* que alivian todo tipo de sufrimiento, se ha convertido en la drogodependencia más importante y el consumo de drogas es una de las principales causas de mortalidad.

Volviendo a nuestro tema, todo esto nos permite entender que la idea de un cambio terapéutico extendido a cualquier dimensión de la realidad, con la promesa de una vida sin problemas ni sufrimientos, no solo es una utopía, sino también un engaño peligroso. La vida de cada uno de nosotros contiene una cantidad de imprevisibilidad y a la vez una constancia en los cambios a los que nos expone que a menudo nos conduce hasta el borde del precipicio; y por esta razón no hay ninguna vía de salvación teórico-práctica que sea universal y definitiva. Lo que puede desarrollarse es la ya citada «conciencia operativa» de Von Glasersfeld, o sea, la habilidad para enfrentarse a las inevitables e ineludibles dificultades de la vida como *problem solvers,* que gracias a las capacidades adquiridas se enfrentan a los obstáculos para buscar la manera de superarlos, teniendo en cuenta que incluso un mismo problema en momentos distintos requiere soluciones distintas o al menos readaptativas, y que nada puede funcionar para siempre.

Por tanto, ese cambio anhelado, porque es tranquilizador, persistente en el tiempo, podemos exigirlo a una intervención terapéutica para una patología concreta, pero no podemos pretenderlo respecto de nuestro estado personal en constante evolución. En otras palabras, es legítimo y correcto pedir que una terapia garantice una eficacia duradera para la cura de un trastorno concreto, pero esta terapia no puede garantizar que no se presenten de nuevo otros tipos de problemas. Si un paciente es tratado con éxito por un trastorno de pánico eso no significa que no pueda tener en el futuro otros problemas psicológicos, como un bajón depresivo causado por un abandono amoroso. Como ya hemos dicho, cuanto más específica es una terapia, más eficaz y eficiente resulta para el tipo de patología a la que ha sido aplicada; no obstante, eso no impide que en el futuro el sujeto pueda desarrollar otras patologías o tener nuevos problemas. Es fundamental aclarar este concepto porque con demasiada frecuencia especialistas y pacientes hablan de tratamientos que garantizarían serenidad eterna y bienestar, cuando en realidad se trata, por lo general, de procesos a muy largo plazo e inespecíficos que confunden la intervención terapéutica con el crecimiento personal.

El cambio terapéutico, como ya hemos aclarado, es la ruptura de una homeostasis insana y disfuncional y la construcción de una homeostasis sana y funcional, que justamente en virtud de su tendencia biológica a resistir al cambio se mantiene en el tiempo. El crecimiento personal se refiere a algo que está en constante evolución, en el que todo está de forma natural en continuo movimiento. Por consiguiente, en el caso de la cura de un trastorno específico hay que buscar un cambio que persista; en el caso del crecimiento personal, por el contrario, hay que buscar una flexibilidad y adaptabilidad al cambio constante que se está produciendo. Lo que funciona para una cosa no funciona para la otra: si a una terapia centrada en un trastorno específico le aplico un proceso idóneo para el crecimiento personal será un fracaso; lo mismo ocurre si aplico un procedimiento de *problem solving* específico a un proceso de adquisición de competencias existenciales. Así pues, la eficacia y la validez del tipo de cambio se mide no *a priori,* sino a partir del objetivo que hay que alcanzar.

Por esto, el cambio evolutivo inestable tiene una aplicación válida en los procesos de crecimiento personal, de construcción de nuevas realidades y de adquisición de competencias y habilidades; mientras que el cambio persistente es idóneo para las situaciones en que hay que resolver un problema y procurar que este no se presente de nuevo. No es infrecuente que se utilicen ambos tipos de cambio, pero hay que tener la precaución de no superponerlos, ya que en ese caso se anularían mutuamente, mientras que, si se aplican de forma secuencial, se refuerza el efecto de ambos.

Por ejemplo, si se interviene en una paciente anoréxica con una reducción grave de peso, es evidente que el primer objetivo terapéutico será conseguir que rompa los rígidos esquemas mentales y conductuales que la mantienen presa en la patología; ahora bien, una vez producido ese cambio que deberá ser persistente, será indispensable dedicarse a crear una nueva realidad evolutiva que implique no solo la relación consigo misma, sino también con los demás y con el mundo, cosa que representa una auténtica forma de crecimiento personal y de adquisición de habilidades sociales y competencias relacionales. En esta segunda fase del tratamiento hay que basarse en tipos de cambio inestable porque está en evolución constante.

Por el contrario, si se trabaja con un atleta que desea mejorar su rendimiento y que no presenta bloqueos que hay que romper sino capacidades que hay que aumentar, la primera fase de la intervención se centrará en hacerle aprender nuevos métodos para sacar el mejor provecho de sí mismo y de su talento. Ahora bien, en este proceso evolutivo de adquisición y crecimiento se puede tropezar con situaciones de bloqueo ante obstáculos concretos que hay que superar, que exigirán una rotura de esquemas rígidos que no permiten al atleta superar sus límites. En esta situación, hacer interactuar en secuencia los cambios inestables con los persistentes no solo es la solución al problema, sino también el modo de favorecer la consecución de prestaciones mayores.

No hay un tipo de cambio que sea mejor, sino solo el más idóneo para cada caso. También se dan situaciones en las que son necesarios ambos cambios, pero aplicados en una secuencia adecuada al objetivo prefijado: no hay que olvidar nunca que, cuando se produce el cambio, el objetivo que siempre hay que alcanzar es lo que determina la modalidad y la aplicación estratégicamente orientada.

4.2. Cambios lentos y cambios rápidos

Teniendo en cuenta lo que se ha aclarado en el apartado anterior, es posible resolver la otra dificultad que se plantea en el mundo de quien trabaja en el cambio, es decir, el dilema de si es mejor el cambio rápido o el lento.

Desde el punto de vista lógico y técnico, la pregunta parece claramente engañosa e ideológica porque, como ya hemos visto, son procesos que se ajustan a distintas formas de cambio. El problema surgió en el siglo pasado, en el campo de las disciplinas psicológicas y psiquiátricas, debido al durísimo enfrentamiento entre los defensores de las terapias breves y los defensores de las terapias a largo plazo. Los primeros acusan a los segundos de ineficacia y de falta de honestidad con los pacientes, retenidos durante años en procesos terapéuticos sin cambios visibles. Los segundos acusan a los primeros de aplicar «maquillajes sintomáticos», que no suponen cambios reales, y de ser manipuladores desleales de sus pacientes. Cada uno de los dos bandos aporta pruebas en defensa de sus tesis, que evidentemente son el producto de un método de investigación que no puede demostrar lo contrario porque se basa en los dictados de una teoría que hay que defender y que durante años ha tenido muy pocas mediaciones eficaces. No obstante, si se sale de la prisión lógica de la oposición dialéctico-ideológica y se observan concretamente las necesidades reales de quienes se dirigen al que efectúa el cambio, inmediatamente nos damos cuenta de que para la clínica psicológica y psiquiátrica también vale lo expuesto en el párrafo anterior. Es decir, también en la terapia de los trastornos psíquicos y conductuales hay marcadas diferencias entre homeostasis que hay que romper y homeostasis que hay que hacer evolucionar. Concretamente, hay trastornos que pueden, y deben, ser resueltos en tiempo breve y con eficacia, y otros que exigen tiempos más prolongados (Assay y Lambert, 1999; Castelnuovo *et al.*, 2013; Nardone *et al.*, 2017).

El primer caso lo representan las situaciones clínicas en las que el trastorno coincide con la sintomatología: una vez descubierta esta, el trastorno se extingue. El segundo se refiere, en cambio, a los casos en que la sintomatología la sostienen trastornos personales que requieren cambios evolutivos. Por lo tanto, además de romper los esquemas rígidos de las sintomatologías, hay que construir un nuevo equilibrio. Esta observación empírica, experimental, no pretende ser una mediación entre las partes en conflicto, sino el reconocimiento de las diversas características de los problemas que hay que resolver y de sus soluciones más idóneas.

Las patologías en las que la sintomatología se corresponde con el trastorno son aquellos tipos de casuística caracterizados por una problemática específica invalidante, como los ataques de pánico y las fobias, las obsesiones compulsivas, la anorexia, el *binge eating,* las disfunciones sexuales, los bloqueos de las actuaciones, por poner tan solo algunos ejemplos de las numerosas variedades de trastornos en los que el verdadero problema es la asombrosa sintomatología. Los estudios demuestran que, una vez esta ha sido anulada, no aparecen otros trastornos o cambios del síntoma, y tampoco recaídas, si la terapia se ha completado del todo (Castelnuovo *et al.*, 2011; Castelnuovo *et al.*, 2013; Pietrabissa *et al.*, 2014; Pietrabissa *et al.*, 2016; Jackson *et al.*, 2018). Esta casuística representa la mayor parte de los problemas que se presentan en la práctica clínica profesional y, como sostiene la American Psychological Association (Hubble *et al.*, 1999), requiere una terapia breve, o sea, unas diez sesiones repartidas en un período de entre tres y seis meses de tratamiento.

La segunda categoría está representada por la casuística en que la sintomatología corresponde al trastorno, pero este se ha prolongado tanto que ha creado nuevas complicaciones que se añaden al problema inicial y lo hacen mucho más complejo. Por ejemplo, una persona que sufre ataques de pánico durante mucho tiempo desarrolla una dependencia patológica de los demás que la hacen sentir protegida, y el trastorno fóbico evoluciona en un trastorno de personalidad evitativa y dependiente. O bien en el caso de un trastorno obsesivo-compulsivo en el que, además de la sintomatología del individuo, el problema se ha extendido a la familia, totalmente implicada en la ejecución de rituales compulsivos y en la fallida protección de quien sufre el trastorno y de sus devastadoras fijaciones. O incluso el caso de una anorexia agravada por las dinámicas familiares que hacen que la patología alimentaria sea más resistente aún al cambio, y en la que la persistencia del problema crea un auténtico vacío experiencial en la evolución vital del sujeto, que deberá recuperarse, una vez superado el trastorno específico. Estos casos representan aproximadamente una cuarta parte de la casuística de la clínica profesional (Hubble *et al.*, 1999; Nardone *et al.*, 2017).

Por último, hay un tercer tipo de situación clínica constituida por aquellos trastornos en que, además de la sintomatología, aparecen otras formas de malestar invalidantes, o bien en los que la sintomatología es multiforme y mutable. Esta categoría de trastornos abarca las llamadas patologías mayores, como los trastornos psicóticos, los *borderline* y de personalidad, las depresiones graves y el autismo evidente. Esta tercera categoría representa también una cuarta parte de la casuística clínica. Sin embargo, no pocas veces se diagnostican erróneamente patologías mayores y por este motivo se aplican tratamientos que producen efectos a menudo más devastadores que la propia patología. De hecho, el problema del diagnóstico es una fase realmente crítica de cara a la elección del tratamiento que hay que aplicar, y es frecuente que los trastornos y, sobre todo, los sujetos que los padecen, induzcan a error al especialista debido a sus manifestaciones engañosas. Si uno no es un auténtico experto, es fácil confundir un trastorno obsesivo-compulsivo severo con un delirio psicótico o un bloqueo fóbico grave de un niño en la escuela con un trastorno autista. Para evitar esos errores y sus desastrosas consecuencias sería suficiente partir de la primera regla de la medicina: *primum non nocere,* como advertía Hipócrates. Lo cual, en la clínica, quiere decir empezar el tratamiento con las prácticas menos invasivas y peligrosas, es decir, aplicar técnicas específicas para trastornos menores y, poco a poco, teniendo en cuenta las respuestas concretas, ir rectificando. En otras palabras, «conocer cambiando»: si el trastorno responde a las técnicas terapéuticas específicas para su sintomatología se adapta la intervención comprobando constantemente sus efectos, evitando insistir en aquello que no funciona y que resulta contraproducente. Actuando de este modo, paradójicamente, el diagnóstico correcto corresponde a la solución del trastorno. Por otra parte, como nos enseña la epistemología, solo se puede conocer realmente un problema a través de su solución. Más allá de la teoría, en la práctica clínica esta modalidad protege de las devastadoras consecuencias de una arrogancia y de un furor diagnóstico cada vez más presentes en las nosografías psiquiátricas (como el DSM, *Manual diagnóstico y estadístico de los trastornos mentales*), que se presentan como inevitables ayudas diagnósticas para quien trabaja en el campo de los trastornos mentales pero que, en realidad, son clasificaciones muy discutibles, resultado de métodos de investigación también discutibles condicionados con excesiva frecuencia por los intereses económicos de la industria farmacéutica (Frances, 2013; Nardone y Salvini, 2013; Caputo y Milanese, 2017).

No obstante, y volviendo a la práctica del cambio, la polémica entre cambio lento y rápido se resuelve actuando al principio de la intervención siempre y en cualquier caso con el propósito de anular ante todo la sintomatología y, solo una vez conseguido este propósito, abordando los otros posibles problemas que pudieran manifestarse. Como ocurre con las «cajas chinas» o con las «matrioshka rusas», solo se descubre el contenido abriendo los contenedores uno tras otro hasta que no queda ninguna caja o muñeca por abrir. Por ejemplo, ante un trastorno obsesivo-compulsivo severo, antes habría que tratar de reducir la repetición de los rituales compulsivos, utilizando las técnicas específicas (Beck y Emery, 1985; Beck *et al.*, 1988; Nardone y Portelli, 2013; Pietrabissa *et al.*, 2016); luego, una vez anulados estos rituales, comprobar si hay otros problemas y, si procede, afrontarlos aplicándoles las estrategias más adecuadas. En el caso en que el trastorno se haya prolongado durante mucho tiempo y haya producido fallos en el aprendizaje evolutivo se procederá a un trabajo de construcción, a través de la experiencia guiada de los inevitables fallos en las competencias existenciales y relacionales. Obviamente, este trabajo no puede ser realizado a corto plazo. Por consiguiente, también en la clínica de los trastornos psíquicos y conductuales, el cambio rápido y el cambio lento, si se utilizan de forma secuencial, resultan complementarios.

El último y tal vez más sorprendente aspecto en relación con los cambios rápidos y lentos es el hecho, contraintuitivo, de que son precisamente las sintomatologías más invalidantes y devastadoras las que mejor responden a estrategias focalizadas, bien concebidas y bien aplicadas, porque precisamente la potencia del sufrimiento se convierte en la palanca ventajosa para provocar el cambio. Asimismo es evidente que en la naturaleza son las cosas más rígidas las que resultan ser más frágiles, las que se rompen con más facilidad si se golpean de forma adecuada y en el punto exacto. Los problemas menos invalidantes pero invasivos responden mejor, en cambio, a estrategias menos directas y más a largo plazo. Por otra parte, hay que recordar que las paradojas son una constante en la vida y no una excepción, y que lo que nos sorprende depende de los límites de nuestro conocimiento, más que de su excepcionalidad. En palabras de Ugo Bernasconi: «Somos como un coche que corre en la noche: solo vemos lo que cabe en el espacio de luz proyectado por nuestros faros».

5. Las teorías sobre el cambio: un análisis crítico.

La única prueba de una teoría es su aplicación.

Georg C. Litchenberg

Una teoría no es simplemente una opinión o un punto de vista, aunque a menudo así la concibe el sentido común, sino un modelo estructurado de interpretación de fenómenos que describe su funcionamiento y prescribe su gestión. Para ser considerada válida, debe haber coherencia y congruencia entre sus presupuestos y su aplicación y ha de demostrar su eficacia operativa. Estos requisitos mínimos para considerar que un enfoque al cambio es una auténtica «Teoría» y no una simple serie de conjeturas ya nos permiten rebajar drásticamente el número de las teorías efectivas del cambio personal. Si a estos criterios le añadimos, además, los de eficacia, replicabilidad y transmisibilidad,[1] el número se reduce a tres paradigmas básicos que abarcan todas las formas de psicoterapia: la teoría conductual y cognitiva, la teoría de los factores comunes y la teoría interaccional estratégica. La primera, de sello americano, incluye todos los modelos

---

1   Por eficacia de una teoría del cambio se entiende su capacidad concreta de producir cambios reales en la situación que es objeto de intervención, llevando a la resolución del problema presentado y/o a la consecución del objetivo fijado. Por «replicabilidad» se entiende la posibilidad de reproducir con éxito el mismo tipo de intervención en sujetos o situaciones diferentes, pero que pertenecen al mismo tipo de clase lógica en cuanto afecta a las modalidades de persistencia del problema (por ejemplo, personas que padecen el mismo tipo de trastorno psicológico). Finalmente, por «transmisibilidad» entendemos la posibilidad de transmitir el modelo a otros, de tal modo que este mantenga inalterada su eficacia incluso si es aplicado por personas diferentes (obviamente, bien preparadas y adiestradas al uso del mismo modelo).

que se inspiran en la tradición conductista, operacional-estadística y en las evoluciones de la psicología cognitiva. La segunda, la de los factores comunes, reúne los enfoques psicodinámicos, humanísticos e integrados y se ocupa de lo que parece ser constante en la producción del cambio personal en el seno de los distintos enfoques de la psicoterapia. El tercer paradigma tiene su origen en los estudios de la Escuela de Palo Alto relativos al cambio y al hecho de que este surja de la interacción entre el individuo y sí mismo, entre este y los otros significativos, y entre este y el mundo, entendido como reglas sociales y dinámicas extendidas; en él se incluyen los enfoques sistémico-relacionales y el estratégico.

Vamos a analizar detalladamente estas tres teorías del cambio con objeto de destacar sus puntos fuertes y débiles.

Antes de empezar esta exposición, permítanme que haga una breve digresión epistemológica sobre el método de evaluación de los procedimientos de cambio terapéutico considerado el más riguroso por parte del mundo académico, ya que está basado en modos de actuar aparentemente controlables.

William James, trasladando a la psicología un concepto bien conocido por filósofos como Pascal, Nietzsche y Schopenhauer, observa que el ser humano es proclive a encontrar en la naturaleza y en el funcionamiento de las cosas un orden que no existe, pero que él descubre para asegurarse su posibilidad de controlarlos. Paradójicamente, el aumento exponencial del conocimiento no ha reducido esta forma de autoengaño cognitivo; es más, en algunos aspectos incluso lo ha reforzado. Fuertemente condicionada por la ilusión del valor del método cuantitativo basado en cálculos estadísticos, en los últimos años la ciencia parece garantizar un rigor cada vez mayor precisamente porque se sirve de una disciplina derivada de las matemáticas, es decir, de las ciencias exactas, que se ocupa sobre todo de los fenómenos cuantificables, o sea, mensurables en términos operacionales estadísticos. Todo lo que no encaja en estos parámetros es poco estudiado o es del todo negado; es como decir: «Solo se estudia lo que es mensurable porque es rigurosamente controlable».

Además de que la moderna epistemología pone claramente de relieve que esto es reduccionismo científico[2] y no ciencia (Popper, 1972, 1983; Castelnuovo *et al.,* 2005; Castelnuovo *et al.,* 2013), el problema es una reducción progresiva de los descubrimientos a favor de un presunto mayor rigor procedimental.

En metodología de la investigación se subraya la necesidad de oscilar de forma complementaria entre el contexto del «descubrimiento» y el de la «justificación»; en el segundo nos ocupamos de controlar y verificar la validez del primero mientras que en este, gracias a la producción de nuevas ideas a partir de los descubrimientos, nos ocupamos de hacer evolucionar los métodos mediante los que se producen las innovaciones. La aridez de la investigación se detecta todavía más en las disciplinas que se interesan por los cambios humanos, como la psicología, la sociología y la medicina, en las que en los últimos decenios se han impuesto los métodos cuantitativos como instrumento fundamental de verificación de la eficacia de las teorías y técnicas propuestas para realizar el cambio. En otras palabras, para comprobar la validez de un procedimiento terapéutico en psicología se considera obligatorio comprobar su eficacia mediante una rigurosa experimentación de laboratorio con el procedimiento del «doble ciego»[3] y, sobre todo, con sofisticadas operaciones estadísticas para calcular los resultados y convalidarlos.

2   El reduccionismo científico es la tesis que defiende que las disciplinas científicas están dispuestas en orden jerárquico, en función de su importancia. La primera ciencia es la física, seguida de la química, la biología, la psicología y, por último, la sociología. Por tanto, los términos utilizados por una disciplina serían traducibles a los de una de las disciplinas que ocupan un lugar más elevado en la jerarquía. Según esta tesis, lo que se refiere a la esfera de lo «mental» o de lo «psíquico» puede ser descrito y explicado a través del estudio de fenómenos más fundamentales, como las actividades relativas al sistema nervioso. Las tesis reduccionistas niegan que los sistemas de realidad estén compuestos de muchos niveles, y que puedan coexistir dentro del mismo sistema distintos aspectos de verdad o significado. El reduccionismo niega, por tanto, la autonomía epistemológica de las distintas disciplinas y las reduce a un mero epifenómeno de la física.

3   En el procedimiento del doble ciego se comparan dos muestras de sujetos: el primero, llamado «grupo experimental», recibe realmente el tratamiento cuya

Dicho así, podría parecer incluso correcto y riguroso, pero si se observa con el ojo escéptico del investigador y no con el del fiel al método surge una serie de graves «sesgos» metodológicos que invalidan el procedimiento. Por ejemplo, en las terapias psicológicas no puede constituirse el grupo de control, porque si yo pongo a un sujeto en lista de espera mientras trato a otro, el primero también realizará cambios. La persona podría mejorar en espera de la «tierra prometida» representada por la terapia a la que será sometida. Es lo que se llama «efecto expectativa», un fenómeno demostrado experimentalmente que tiende a aumentar a medida que crece la confianza depositada por el sujeto en el terapeuta y en el método terapéutico. También puede ocurrir que la persona empeore, tal vez porque percibe el hecho de tener que esperar el momento del tratamiento como un rechazo o una auténtica condena, puesto que no puede recibir la atención necesaria de forma inmediata.

Sin embargo, si se utilizan diferentes tratamientos en paralelo aparecen los problemas de la comparabilidad real, tanto de las capacidades de los diferentes terapeutas, como de las características de los diferentes pacientes. Aunque los primeros están formados para aplicar la técnica específica y los segundos padecen la misma patología, tanto los terapeutas como los pacientes tienen características personales que influyen en la capacidad terapéutica, en el caso de los primeros (Luborsky y Singer, 1975; Assay y Lambert, 1999; Luborsky *et al.*, 2002), y en la *compliance*[4] del tratamiento, en el caso de los segundos (Cipolli y Moja, 1991; Nardone, 1994; Sabaté, 2003; Milanese y Milanese, 2015). Estas son tan solo dos de las muchas excepciones al presunto rigor de esos métodos que, si bien pueden fascinar a los

---

eficacia quiere comprobarse; el segundo, llamado «grupo de control», no recibe ningún tratamiento o es tratado mediante procedimientos distintos a los del primer grupo. Ni los sujetos de los dos grupos ni los investigadores saben a qué grupo pertenece cada sujeto (de ahí la denominación de «doble ciego»).

4 Por «compliance» o seguimiento del tratamiento por parte de un paciente se entiende la medida en que este sigue las indicaciones del médico/terapeuta de una forma completa, continuada y precisa.

fanáticos del control numérico, excluyen la posibilidad de conocer realmente el funcionamiento de los fenómenos, especialmente los que se refieren al cambio, porque este nunca es solo cuantitativo, sino también cualitativo. Es más, como nos enseña la física, el cambio real corresponde a un *saltus* cualitativo que modificará la estructura y el funcionamiento del sistema que está bajo observación. No obstante, en los últimos años han sido muchas las voces de estudiosos de prestigio que han puesto en tela de juicio este método reductivista (Guidano y Reda, 1981; Mahoney, 1991; Bara, 2000; Reda, 2002; Castelnuovo *et al.*, 2013; Nardone y Salvini, 2013). Incluso en un artículo publicado en el prestigioso *Journal of the American Medical Association* —JAMA— (Leichsenring y Steinert, 2017), tras un atento análisis de los más de ciento veinte estudios e investigaciones que demostrarían que el enfoque psicológico terapéutico más de acuerdo con la *evidence-based medicine*[5] es el cognitivo-conductual, los investigadores ponen de relieve que, en la mayoría de los casos, los estudios son metodológicamente incorrectos y, en los otros, tienden a sobrevalorar la eficacia del tratamiento.

El lector ha de tener presente que esta digresión, puramente metodológica en apariencia, se refiere a una cosa que en realidad tiene una enorme repercusión en la teoría y en la práctica del cambio, en este caso terapéutico, pero también en otros ámbitos no clínicos, como la economía y las ciencias sociales.

Si se considera que es «verdad» lo que se ha dicho hasta aquí sobre los enfoques *evidence-based*, la práctica más indicada para efectuar cambios debería copiar fielmente su método, que del laboratorio experimental y de los cálculos estadísticos pasaría directamente a la aplicación sobre el terreno, mediante procedimientos estandarizados

---

5   En la *evidence based medicine* (medicina basada en las pruebas) el procedimiento de evaluación de la eficacia de los distintos tratamientos se basa en investigaciones clínicas aleatorizadas (RCT), o sea, proyectos de investigación rígidamente estructurados según reglas específicas. A finales de los años noventa, esta práctica condujo a la elaboración de una lista de «tratamientos empíricamente validados» (ESTs — *Empirically Supported Treatments*).

y divulgados en un manual. En Estados Unidos, donde este modelo de intervención psicológica ha sido adoptado rígidamente, se está produciendo una progresiva desaparición de la psicoterapia y una proliferación de intervenciones de *life coaching* y de «consultoría filosófica», porque los pacientes consideran que la fría aplicación de protocolos rígidos se adapta poco a su situación personal, además de clínica, y van a buscar a alguien que los haga sentir seres humanos. Respecto a esta cuestión, no debemos olvidar nunca las palabras de un gran teórico de la medicina como Francis W. Peabody: «La cura de la enfermedad puede ser un hecho completamente impersonal. La cura del paciente ha de ser un hecho completamente personal».

Por otra parte, el sueño de terapias o el proyecto de cambios completamente estandarizados, de los que deriven algoritmos estadísticos que puedan ser aplicados incluso por una computadora en vez de por una persona, se repiten en la historia de la psicología y de la medicina o de las ciencias sociales. Desgraciadamente, los resultados fallidos también se repiten; basta pensar en los desastres provocados por una economía basada en algoritmos incapaces de adaptarse a los cambios rápidos del mercado y a las distintas idiosincrasias culturales de las diferentes naciones (Nardone y Tani, 2018). Lo realmente trágico es que estos métodos para inducir y gestionar los cambios se presentan e imponen como si fuesen los mejores solo porque aparentemente están más controlados y son más rigurosos.

5.1. La teoría conductual y cognitiva

a) La teoría conductual

Este enfoque tiene su origen en el pensamiento y en la práctica de una parte del trabajo del estadounidense B.F. Skinner, el gran psicólogo fundador del conductismo, cuyo método basaba la investigación y las intervenciones en las técnicas de condicionamiento derivadas de la «reflexología de Pavlov», transformadas por él en «condicionamientos operantes». El método se basa en la idea de que el cambio es el fruto de aprendizajes dirigidos, producto de condicionamientos operantes mediante estrategias de «refuerzo», experimentadas en laboratorio en animales y aplicadas luego a los seres humanos. Por consiguiente, la teoría del cambio de este enfoque afirma que el «aprendizaje condicionado» es el método más importante para modificar la actuación de las personas. El sujeto, a través de progresivas adquisiciones conductuales, que luego se vuelven cognitivas, desarrolla la capacidad de cambiar para resolver sus problemas o alcanzar sus objetivos. El cambio es, por consiguiente, fruto del aprendizaje.

El ejemplo tal vez más apropiado, porque se aplica a varios contextos y no solo al clínico, es el del «*training* de asertividad». Se toma como objeto de observación un sujeto tímido y algo torpe, que debido a estas limitaciones no consigue imponerse en el trabajo y encuentra dificultades constantes para relacionarse con los demás, y mediante este *training* se lo «adiestra» literalmente para mostrarse siempre asertivo hasta que logra generalizar ese aprendizaje y, gracias a ello, superar sus dificultades. De modo parecido, a una paciente anoréxica restrictiva se la «condiciona», de forma rígidamente controlada, a comer el alimento necesario, considerado una forma de «medicina indispensable» (Fairburn, 2008; Dalle Grave, 2015). También en este caso esperamos que la conducta adquirida se transforme en una predisposición natural. No obstante, este paso de la conducta a la mente y a las modalidades perceptivo-emocionales dista mucho de estar demostrado, hasta el punto de que numerosos y autorizados autores (Mahoney, Guidano, Liotti, Reda), formados inicialmente en este enfoque, desarrollaron formas de tratamiento más cognitivas y menos conductuales, basadas en la teoría del aprendizaje, pero liberadas del estricto método del condicionamiento de Skinner. Más adelante trataremos de esto con más detalle. Para completar el análisis de la teoría del cambio conductual es importante destacar que este enfoque, precisamente para superar la limitación de ser un «modelado» *(modeling)* y no un vehículo de cambio efectivo, en los últimos decenios se ha combinado significativamente con las perspectivas psiquiátricas biologistas, con las que comparte el método experimental de laboratorio y el cálculo estadístico de evaluación de los resultados. De este modo, trata de «resolver» el problema de cómo influir en los mecanismos más profundos del funcionamiento psíquico combinando el uso de sustancias químicas que alteran las dinámicas biológicas (psicofármacos) con los condicionamientos conductuales, con la idea de que esta sinergia debería producir cambios terapéuticos efectivos y persistentes. No obstante, es bien sabido que precisamente las neurociencias demuestran que los psicofármacos son capaces de aliviar los síntomas del malestar psíquico, pero no de acabar con él (Gazzaniga, 1999; LeDoux, 2002). Sin embargo, el tratamiento de los trastornos psicológicos basado en una rígida secuencia ha evolucionado en esta dirección: se parte de un diagnóstico estructurado según la nosografía psiquiátrica (DSM); después viene el tratamiento farmacológico y, por último, la terapia psicológica de apoyo. Todo está cada vez más «normalizado» y basado en procedimientos rígidamente estandarizados. Se trata de tres presuntas «verdades», cuya efectiva capacidad de producir cambios persistentes y reales en el modo de sentir, pensar y actuar de las personas que sufren un trastorno psíquico está todavía por demostrar. El diagnóstico sobre base estadística de los trastornos mentales, el tratamiento farmacológico de esos trastornos y una terapia psicológica basada en el condicionamiento conductual se unen para crear un modelo operativo claramente controlado y controlable en cuanto a eficiencia, pero muy poco fiable en cuanto a eficacia. Sumar tres procedimientos que no son capaces de producir cambios cualitativos reales no origina un modelo operativo eficaz, sino solo una combinación de intervenciones de gestión del problema, que tiene poco que ver con su solución real.

En los últimos años, precisamente para evitar estos problemas no resueltos, el enfoque conductual ha evolucionado adoptando algunas enseñanzas tibetanas. Insignes estudiosos como Goleman y Davidson (2017), gracias a su relación directa con el Dalái Lama (Tenzin y Goleman, 2003, 2004), han adoptado algunas técnicas tibetanas como el *mindfulness,*[6] la *acceptance*[7] y la *compassion,*[8] y las han convertido en el punto central del cambio psicofisiológico. Del adiestramiento conductual se ha pasado al mental centrado en la conciencia y en la gestión de las propias funciones psicofisiológicas. Los libros sobre el *mindfulness,* aplicado a cualquier ámbito, se han convertido en un éxito de ventas; por otra parte, la unión entre una visión científica occidental y las prácticas basadas en la sabiduría oriental siempre ejerce una gran fascinación, y la llamada «ciencia de la conciencia» (Solomon y Siegel, 2017) domina hoy la escena de las teorías del cambio en la cultura estadounidense.

El problema surge cuando esta perspectiva, sin duda eficaz como vehículo de crecimiento personal, se aplica de forma indiferenciada a las distintas formas de psicopatología como si fuese una especie de panacea universal. Si aplico el *mindfulness* a un sujeto que pa-

---

6   Es el término inglés que designa la «atención consciente» y la «meditación de conciencia», conceptos propios de la más antigua práctica de meditación budista. El *mindfulness* se refiere a un estado mental en el que la persona escucha y observa las emociones, las sensaciones físicas y los pensamientos, aceptándolos tal como son, sin juzgarlos, sin tratar de modificarlos ni bloquearlos. Esto permite tener plena conciencia del momento presente y dejar entrar y salir los aspectos negativos de la experiencia diaria común, sin desencadenar estados emocionales negativos duraderos y reacciones conductuales contraproducentes. La plena conciencia ayuda tanto a reconocer los hábitos rumiativos y a no dejarse arrastrar por ellos, como a no reaccionar impulsivamente. Esto implica asimismo el distanciamiento de los propios contenidos mentales, que solo son experiencias internas y no nuestro pleno ser.

7   La *terapia de aceptación y compromiso* supone la aceptación de las propias experiencias internas sin intentar controlarlas o explicarlas. Desde esta perspectiva, serían precisamente los intentos de evitar o controlar el propio sentir y el propio pensamiento los que producirían el agravamiento de nuestros sufrimientos. Este constructo es la base del modelo de terapia conocido como *Acceptance and Commitment Therapy.*

8   La psicoterapia centrada en la compasión se basa en el llamado *compassionate mind training* («adiestramiento a la mente compasiva»), elaborado para tratar a personas que presentan niveles elevados de sentimiento de vergüenza y de autocrítica. El concepto de *compassion* evoca la sensibilidad frente al malestar y las necesidades propias y ajenas: la capacidad de conmoverse ante ellas; una actitud no juzgante; la empatía, la habilidad de no evitar las cosas y la capacidad de «convivir» con las propias emociones y con los propios recuerdos con una actitud de conciencia.

dece fuertes ataques de pánico, una conciencia mayor de su sentir y actuar no lo ayudará para nada a superar su trastorno porque, como sostiene LeDoux (2015), el mayor experto en los mecanismos de la ansiedad, la superación de un problema de este tipo exige experiencias concretas de cambio en la percepción del miedo como una realidad gestionable y, por lo tanto, la conciencia mental no es suficiente. Además, como ya se ha señalado, la vía del cambio de arriba abajo, esto es, de la corteza al paleoencéfalo, es mucho menos eficaz que la contraria, esto es, de abajo arriba, del paleoencéfalo a la corteza. Dicho de otro modo, para superar un miedo invalidante se necesitan experiencias concretas, vividas primero de forma inconsciente, y convertidas en conscientes en un segundo momento. Por otra parte, la investigación empírico-experimental sobre el terreno (Nardone, 1993, 2003a, 2016a), y no en el laboratorio, demuestra que el pánico se puede superar con más eficacia y eficiencia mediante estrategias terapéuticas constituidas por estratagemas específicas que literalmente hacen «surcar el mar a espaldas del cielo» al paciente. Gracias a estas experiencias orientadas, vividas como resultado de las prescripciones sugestivas que distraen la mente consciente, la persona experimenta una mutación perceptivo emocional concreta que permite la experiencia de cambio. Nuestras percepciones activan muchas más respuestas, no mediadas por la conciencia, que las producidas conscientemente. Esto es muy evidente en el caso del miedo, en que las reacciones al estímulo amenazador se activan en milésimas de segundo y, gracias a esta rapidez, pueden incluso salvarnos la vida, como cuando al tropezar evitamos caer gracias a una rapidísima reacción de recuperación del equilibrio que, si estuviese regida por la conciencia, no podría ser nunca tan eficiente.

La sobrevaloración del pensamiento y de la conciencia respecto a la intuición y a la inconsciencia es una de las grandes limitaciones de la ciencia occidental, que se refleja en cierto modo en todas las disciplinas, incluidas las psicológicas, que más que cualquier otra deberían considerar sin prejuicios ni autoengaños las dinámicas internas y externas del hombre (Nardone, 2017).

Por consiguiente, la contribución de las prácticas tibetanas a la evolución teórica del enfoque conductual, convertido también en cognitivo, tiene indudablemente una gran importancia; pero más que estar orientada al cambio, tiene que ver de nuevo con el aprendizaje, constructo que, como ya se ha dicho, constituye propiamente el fundamento metodológico de las teorías conductuales.

Si bien es cierto que los procesos de aprendizaje pueden provocar cambios reales, no representan el único ni mucho menos el principal modo de producirlos. El cambio se realiza a menudo independientemente de lo que se ha aprendido, incluso muchas veces es el producto de descubrimientos que solo más tarde se convertirán en aprendizajes. Jean Piaget, fundador del estudio de las cogniciones, en su obra *La construcción de lo real en el niño* (1937), demuestra claramente que este construye sus elaboraciones cognitivas solo después de «descubrimientos» vehiculados por la experiencia concreta. En otras palabras: son los cambios experimentados los que producen los aprendizajes, y no al contrario. Pero si atendemos aún más a la raíz de nuestro funcionamiento como organismos vivos, para aclarar hasta qué punto son los cambios los que influyen en los aprendizajes y no al contrario, basta ver que nuestras percepciones de la realidad son mucho más fuertes cuanto más contrastes perceptivos experimentamos. Por ejemplo, si salgo de un ambiente cálido, la temperatura exterior templada me parecerá fría y, por el contrario, si entro en un ambiente templado, viniendo del exterior frío, la percibiré cálida. El cambio amplifica las sensaciones porque el contraste perceptivo es lo que estimula nuestro modo de experimentar la realidad. Si un fenómeno mantiene constante su estímulo, nuestra percepción se embota, es decir, cada vez lo percibe menos, hasta habituarse. Esta ley fundamental de la percepción, olvidada con demasiada frecuencia, demuestra, más que cualquier otra argumentación, la importancia del estudio de los procesos de cambio desde el momento en que estos representan la principal dinámica de nuestra percepción y reacción para luego comprender y conseguir planificar nuestra actuación.

b) La teoría cognitiva

En los años ochenta del siglo pasado, en paralelo a la evolución del enfoque conductual, tuvieron un gran desarrollo los estudios puramente cognitivos, tanto desde el punto de vista de la investigación como de la aplicación terapéutica. Este enfoque, a diferencia del conductual, cuyo reduccionismo epistemológico rechazaba, derivaba directamente del trabajo de Piaget, Neisser y Bruner, y consideraba que el desarrollo de las estructuras cognitivas y su funcionamiento era el fundamento de los procesos de cambio. Michael J. Mahoney publicó un monumental libro sobre esta cuestión, *Human Change Processes* (1991), en el que puso de relieve cómo el individuo es un «constructor activo» de su propia realidad y no el fruto inevitable de condicionamientos y aprendizajes dirigidos, independizando así el cognitivismo del reduccionismo conductista. En este ámbito encontramos autores como Kelly, con su teoría de los «constructos personales», para quien el método fundamental para efectuar cambios personales consiste en la superación de las contradicciones en la representación de la realidad del individuo; o como Guidano, Liotti y Reda, que desarrollaron en el ámbito clínico un enfoque que se enfrenta a la complejidad de las dinámicas psicológicas de los individuos en relación con su historia, su experiencia y sus expectativas, deseos y proyectos. Para estos autores, el cambio es la consecuencia de una adquisición de conciencia de esas dinámicas y de la capacidad de gestionarlas de la manera más razonable. En paralelo a esta perspectiva, en el ámbito terapéutico se consolida el modelo cognitivo-conductual de Aaron Beck, que utiliza algunos de los métodos más genuinamente conductuales y cuantitativos —como el uso de test psicométricos para el diagnóstico diferencial de las patologías— y, al mismo tiempo, desarrolla protocolos de tratamiento basados no muy rígidamente en el condicionamiento, sino en los procesos cognitivos del aprendizaje utilizados para vehicular los cambios terapéuticos. Su trabajo, desarrollado por su hija Judith y por otros autores importantes (Wilson, 1986), parece el más fecundo debido a la estructuración coherente entre teoría y aplicación clínica no solo en general, sino también según las áreas específicas de patología: propiedades que no son perceptibles en los otros modelos cognitivos. En la misma época, otro influyente autor cognitivista elaboró un modelo propio de enfoque del cambio del sentir y actuar de las personas: Albert Ellis, que formuló la Terapia Racional Emotiva. Esta elaboración teórico-práctica, expresión característica de un fuerte «racionalismo», indica como vía maestra para el cambio la sustitución de los pensamientos irracionales por racionalizaciones realistas. El trabajo de Ellis tuvo un gran impacto en Estados Unidos, pero muy poco fuera de ese país, justamente por este exceso de racionalización positivista. Los estudios emergentes sobre inteligencia artificial, que representan el núcleo más académico del cognitivismo, dieron un gran impulso y sirvieron de modelo a las futuras «ciencias cognitivas» (Bara, 2000). La analogía entre mente y computadora está tan arraigada que recientemente se ha llegado a la paradoja de pensar que se puede estudiar el funcionamiento de la mente a partir del funcionamiento de la inteligencia artificial, olvidando que esta es un producto de la inteligencia humana. Precisamente se está hablando ahora de un proyecto de inteligencia artificial que debería ayudarnos a comprender mejor los procesos mentales de los psicópatas. Es como si primero enseño a un *software* a «imitar» una realidad y luego lo utilizo para estudiar esa realidad como si fuera verdadera.

La inflexibilidad de esta perspectiva «tecnocrática» de la ciencia cognitiva ha hecho que algunos importantes investigadores, entre los que se encuentra precisamente Mahoney, se hayan distanciado de ella porque han reconocido sus límites metodológicos y la rigidez de su aplicación. Como consecuencia de esta «crisis evolutiva» ha surgido en el seno del constructivismo una especie de corriente teórico-práctica que ha añadido al estudio de las estructuras cognitivas el análisis de las emociones y relaciones afectivas (Guidano, Reda, Liotti, D'Attilio). Por consiguiente, la teoría del cambio adoptada se vuelve cada vez más de tipo interaccional, es decir, un enfoque en el que predominan no tanto las cogniciones como su dinámica interactiva con las emociones y la afectividad. De modo que se han creado dos tipos de cognitivismo: el «frío» y el «caliente». El primero, que conserva aún sus raíces en el estudio de las cogniciones y de la inteligencia artificial, está muy presente en el campo de la investigación pura; el segundo, mucho más presente en el ámbito práctico y terapéutico, se ocupa más de la interacción compleja entre los factores emocionales y relacionales y las cogniciones. Ambas posturas tienen en común que sitúan en el centro del funcionamiento del hombre como sistema vivo su pensamiento consciente y su capacidad de *problem solving* puramente racional (Kazdin, 2008, 2016). Un «cogitocentrismo» (Nardone y Watzlawick, 1990), como ya hemos dicho, desmentido por las modernas neurociencias, que han demostrado que el cambio del individuo está más influido por factores inconscientes que por los conscientes (Damasio, 1994; LeDoux, 2002, 2015; Koch, 2012).

El hombre «racional», capaz de gestionarlo todo con inteligencia y conciencia, que tanto gusta a buena parte de los científicos y de los filósofos, debe dejar paso al «hombre relacional» (Wittezaele, 2003), que se relaciona constantemente con sus percepciones a menudo alteradas o engañosas, con sus emociones muchas veces fuera de control, y con sus controvertidas dinámicas afectivas, en un intento de gestionarlas en muchos casos fallido.

5.2. La teoría de los factores comunes

En el frente opuesto del enfoque conductista encontramos la teoría basada en el estudio de los factores comunes a los diferentes enfoques terapéuticos que determinan el cambio. Aunque este método de investigación se decanta más por los aspectos cualitativos e interpretativos, también se han medido los factores comunes mediante un procedimiento estadístico denominado metaanálisis.[9] Para analizar los numerosos estudios orientados a destacar cuáles son los factores

---

9 El metaanálisis es una técnica estadística de análisis de datos muy utilizada para intentar dar un significado preciso a los datos procedentes de un gran número de investigaciones diferentes relativas a una cuestión concreta.

decisivos en la producción del cambio terapéutico, se han fusionado contribuciones muy diferentes entre sí porque proceden de enfoques teórico-prácticos distintos. De esta operación no del todo fiable desde el punto de vista metodológico se han extraído luego algunos «factores terapéuticos constantes» que actuarían en las distintas formas de psicoterapia. Ese enfoque, aparentemente pragmático, debería haber garantizado un estudio liberado de la prisión de los dogmatismos teórico-prácticos para centrarse exclusivamente en la comprobación de los factores comunes relevantes y promover el cambio en las distintas prácticas terapéuticas. Pero, como trataremos de demostrar, la interpretación de estos datos presenta graves distorsiones ideológicas y tesis claramente criticables. No es casual que aludan a esta teoría del cambio quienes adoptan los paradigmas teórico-prácticos humanístico, ecléctico y psicodinámico (Nardone y Salvini, 2013). Cuanto se desprende de estos estudios confirma su modo de proceder para obtener el cambio en el sentir y el actuar de las personas.

Concretando más, se han puesto de relieve cuatro factores fundamentales que influirían en el cambio: la expectativa del cliente/paciente, la relación terapéutica, el efecto placebo y la técnica. Según los autores de referencia de este enfoque (Luborsky y Singer, 1975; Assay y Lambert, 1999; Luborsky *et al.*, 2002), los respectivos porcentajes de influencia se distribuirían del siguiente modo: el 30-40% correspondería a las expectativas del paciente; el 30-40% a la relación terapéutica, el 10-15% al efecto placebo y solo el 10-15% a la técnica específica.

Dejando al margen el hecho de que no está muy claro el tipo de evaluación que permite semejante deducción, y prescindiendo del hecho de que el cálculo metaanalítico presenta toda una serie de defectos metodológicos, estos resultados chocan también con el dato ya consolidado de que, en la mayoría de los trastornos psíquicos y conductuales, las terapias específicas funcionan mucho mejor que las no específicas. Además, si se quiere incrementar la expectativa del cliente, potenciar la relación terapéutica y utilizar estratégicamente el efecto placebo, puede hacerse utilizando técnicas de comunicación sugestiva y estrategias de *problem solving* que aumenten la confianza de la persona en los resultados del tratamiento y mejoren la relación terapéutica. Por consiguiente, la «técnica», entendida como conjunto de competencias comunicativas y relacionales asociadas a estrategias experimentadas y reproducibles de solución de problemas, no puede ser considerada tan poco influyente. Es más; precisamente a partir de las argumentaciones surgidas de la investigación que es la base de la teoría del cambio de los factores comunes, la técnica se convierte en el principal factor de inducción al cambio. Pero esto solo se percibe claramente si se interpretan los resultados de forma no ideológica, es decir, si no se pretende a toda costa confirmar las propias teorías en contra de las observaciones empíricas. En realidad, los enfoques que se remiten a esta teoría son precisamente los que prevén modalidades generales de tratamiento y rechazan todas las modalidades de intervención directa y focal en los problemas. Estos enfoques, además, son los que basan sobre todo su trabajo terapéutico en la búsqueda de las relaciones causales entre los hechos del pasado y el presente problemático del sujeto que está en tratamiento.

Entre los que se remiten a los «factores comunes» solo Prochaska y DiClemente (1982) están en desacuerdo, y en el modelo «Transteórico» prevén un trabajo terapéutico basado en las técnicas, generalmente cognitivo-conductuales, que hayan sido objeto de verificación empírica. Una especie de mediación entre los opuestos pero no sustentada en un modelo teórico riguroso que interactúa con las aplicaciones, sino en uno basado más bien en la idea de integración entre modalidades de intervención derivadas de los distintos modelos terapéuticos que han demostrado ser más eficaces (Sommers-Flanagan y Sommers-Flanagan, 2013). Como dirían los «puristas», una especie de traje de arlequín compuesto por distintos trozos de telas de colores. Más allá de la ortodoxia teórica, que tiene en su haber tantos «crímenes» como los que atribuye a los modelos carentes de una estructura teórica de base, el problema surge porque muchas técnicas adecuadas para el cambio solo funcionan si se utilizan en el contexto terapéutico propio del enfoque del que derivan. Dicho más claramente, una estratagema terapéutica solo puede funcionar si se aplica a una relación terapéutica construida sugestivamente; si se aplica en una dinámica de empatía relacional de tipo humanístico, chirría y desentona con el contexto de la relación entre terapeuta y paciente, y su resultado por fuerza estará fuertemente limitado. Introducir una interpretación artística de un sueño en un contexto clínico de tipo conductual resultará fuera de lugar y causará confusión al paciente, que hasta entonces había sido guiado al cambio a través de los «refuerzos» de sus aprendizajes condicionados.

El eclecticismo de los enfoques integradores la mayoría de las veces carece de un modelo lógico de intervención orientado al cambio específico deseado y actúa mediante experimentos no integrados en un proyecto riguroso, por tanteo y error o, a lo sumo, por asociación en virtud de la semejanza entre las situaciones. Es como decir: intenta aplicar esta técnica porque ha funcionado en una situación problemática similar. Lo que falta es la estrategia en el sentido de la teoría de los juegos de Von Neumann (Von Neumann y Morgenstern, 1994), es decir, proyectar cómo ganar el juego mediante una planificada y estructurada serie de maniobras en sucesión secuencial, elaborada a partir de las características de los problemas que hay que resolver. Por consiguiente, lo que es discutible en la teoría del cambio basado en el análisis de los factores comunes no es tanto su identificación, en la que están de acuerdo la mayoría de los estudiosos, como el modo en que podemos realizarlos, que parece claramente inclinado a favor de las modalidades generales de intervención terapéutica y no de las específicas. Partiendo de esta tesis, se quiere confirmar la validez y eficacia de los enfoques tradicionales al cambio terapéutico, eminentemente no prescriptivos, u orientar hacia una integración entre los distintos modelos clínicos, que exponen al riesgo del «efecto arlequín».

5.3. La teoría interaccional

En la primera mitad del siglo pasado, gracias a la evolución de la ciencia en general (Gödel, Heisenberg, Einstein), de las ciencias sociales (Lewin, Mead, Le Bon), de las biológicas (Bermúdez de Castro, Claude Bernard, Sherman) y del proyecto de investigación sobre los efectos de la comunicación llevado a cabo por Gregory Bateson (que implica a estudiosos de distintas disciplinas científicas, como el matemático Von Neumann, la antropóloga Margaret Mead, el psicólogo social Kurt Lewin, el teórico de los sistemas Von Bertalanffy y el psiquiatra Wiener, por citar solo a los más conocidos), se abre un nuevo escenario para el estudio de cómo los seres humanos sienten y actúan. De esta enorme mina de conocimientos interdisciplinares, inmediatamente después de la Segunda Guerra Mundial se estructuró la que luego ha pasado a la historia como la Escuela de Palo Alto, es decir, el enfoque interaccional al cambio (Watzlawick y Weakland, 1977).

El maestro de este enfoque fue Paul Watzlawick, filósofo y psicólogo austríaco, que tuvo una vida ajetreada como agente secreto durante la guerra, investigador de la policía, psicólogo analista en Roma en la época de la *dolce vita* y luego en la India anterior a Gandhi, profesor de psicología dinámica en San Salvador y de psicología en la universidad de Wisconsin, e integrado por último en el grupo de Bateson de Palo Alto y miembro más tarde del Mental Research Institute, dirigido por el psiquiatra Don D. Jackson. Watzlawick, gracias a su profundo conocimiento de la lógica occidental y de la filosofía oriental, además de su experiencia como investigador y clínico en psicología, supo conducir y convertir en modelo teórico-práctico el trabajo de muchos estudiosos que participaron en el proyecto de Bateson, primero, y en el de Jackson después. La teoría del cambio que elaboró (Watzlawick *et al.*, 1974) representa hoy el modelo de referencia para todos los que se ocupan de cambio estratégico, tanto personal como relacional y organizativo-empresarial.

Lo que caracteriza este enfoque es, *in primis,* que no deriva solo de la clínica, sino del estudio del modo en que el cambio se produce espontáneamente en la naturaleza, en las relaciones y en la sociedad. Se observa el modo en que cambian las personas en contextos no condicionados por el *setting* terapéutico, y de esa observación derivan las modalidades estratégicas que también hay que aplicar en la clínica de los trastornos psiquiátricos y conductuales. Este aspecto representa un vuelco total en el modelo de investigación y de aplicación del cambio personal, que lo libera de los preconceptos derivados de la teoría de referencia utilizada y permite centrarse en los procesos que las personas activan de forma natural para efectuar cambios. Esta metodología de estudio «etológico»[10] ha permitido descubrir cómo las personas cambian por experiencia y no por conciencia: es decir, los sujetos primero descubren, mediante experiencias no planificadas conscientemente, cómo superar un obstáculo o resolver un problema, y solo después se sirven de estas a nivel cognitivo. Es el cambio experimentado el que produce la conciencia y no al contrario, como afirman los enfoques eminentemente cognitivos. El *insight* es el efecto del cambio, y no su causa. Todo esto coincide con las afirmaciones de Franz Alexander, que precisamente alcanza gran notoriedad gracias a Paul Watzlawick, que en su obra *Si quieres ver,*

---

10   El enfoque interaccional, por su naturaleza interdisciplinar —o sea, por estar basado tanto en las disciplinas lógico-matemáticas como en las sociológicas y psicosociales—, basa su método de investigación en la observación de los fenómenos sobre el terreno, valorando sus dinámicas en amplias muestras de sujetos. Además, estudia el funcionamiento de las interacciones a través de experimentos sociales y prácticas empíricas aplicadas a la experiencia real, en vez de experimentar artificialmente en el laboratorio lo que se observa en la naturaleza. En época más reciente, esta metodología de investigación, aplicada a la formación, persistencia y cambio de las psicopatologías, se ha desarrollado siguiendo el método empírico de «conocer los problemas a través de sus soluciones», que pueden ser reproducidas y que adquieren un valor predictivo. Una metodología coincidente con la de las ciencias más puras, que permite un conocimiento real del funcionamiento de los fenómenos que están bajo observación, porque reconstruye su dinámica mediante aquello que puede cambiarlos estratégicamente. En otras palabras, es la estructura de la solución la que resuelve el problema, haciendo que afloren las características estructurales y de persistencia. Al mismo tiempo, esto permite aumentar de manera constante la capacidad de intervención orientada al cambio (Nardone y Watzlawick, 2005; Nardone y Portelli, 2005; Nardone y Balbi, 2008; Nardone, 2016).

aprende a actuar cita su aportación fundamental (Nardone y Watzlawick, 1990). De ello deriva un enfoque terapéutico y de cambio en contextos no clínicos, como el ámbito económico-empresarial y el de las relaciones en general, basado en el uso de estratagemas que violan la lógica lineal para producir efectos descubrimiento, o sea, auténticas experiencias emocionales correctivas capaces de lograr que las personas transformen sus percepciones y reacciones disfuncionales en respuestas funcionales y terapéuticas a los problemas que se presentan (Nardone, 2003b; Nardone y Balbi, 2008). El constructo teórico-práctico fundamental elaborado por Watzlawick y Weakland en el lejano 1974 es el de la «solución intentada», que, si no funciona y es repetida, complica el problema en vez de resolverlo.

También las modernas neurociencias demuestran que en nuestra mente/cerebro se establecen guiones de percepción y reacción que se disparan automáticamente mucho antes que cualquier forma de conciencia si han demostrado cierta eficacia en la experiencia anterior de la persona. Esto es, si reaccionar de una determinada manera a ciertas situaciones ha funcionado en mi vida, tiendo a reproducir este tipo de respuestas ante cualquier situación que pueda asociar a las ya vividas y afrontadas con éxito. Pero como nuestra mente tiende a la esquematización, esta operación muchas veces resulta disfuncional porque aplicamos intentos de solución que han tenido resultados positivos en situaciones semejantes, pero no idénticas, y esto implica una tasa elevada de fracasos, no de éxitos. Confirman este hecho los estudios modernos sobre la neuroplasticidad de nuestro cerebro, que por asociatividad activa áreas específicas que provocan respuestas neuropsicológicas que, si bien inicialmente producen un efecto de atenuación del malestar, tienden luego a estructurarse como guiones automáticos. En otras palabras, si evitar una situación que percibo amenazadora me provoca una disminución de la ansiedad, este tipo de reacción —la evitación— tenderá a generalizarse aunque su reiteración provoque el empeoramiento de la sintomatología fóbica. Las reacciones viscerales no permiten planificar y tener en cuenta los efectos a largo plazo, sino que responden siempre a la emergencia presente. De ello se deriva que, si la reacción considerada «de éxito» en el momento presente se repite tal como nuestra naturaleza nos induce a hacer, a menudo acaba creándonos problemas mucho peores, cuya resolución exigirá estrategias que alteren su funcionamiento. Estas consideraciones lógicas sobre cómo ciertas reacciones funcionan en un primer momento, pero luego se vuelven disfuncionales y provocan un empeoramiento indujeron a los estudiosos de la Escuela de Palo Alto a destacar hasta qué punto la comunicación del individuo consigo mismo, con los demás y con el mundo la mayoría de las veces está regida por paradojas, contradicciones y creencias ilusorias que nada tienen que ver con la racionalidad. De hecho, lo que ocurre casi siempre es que dominan las dinámicas aparentemente irracionales, que en realidad son expresión de lógicas no ordinarias subyacentes a las percepciones y reacciones disfuncionales o patológicas (Nardone, 2003b; Nardone y Balbi, 2008). Por ejemplo, si un sujeto realiza rituales propiciatorios que poco a poco se vuelven invalidantes y el terapeuta le indica que nada de lo que lo asusta sucede en su vida, el sujeto responde: «¡Efectivamente, lo que hago funciona!». O bien, si se intenta explicar a una anoréxica que adelgazar tanto es peligroso para su salud, esta afirmación razonable le resbalará totalmente y no cambiará para nada su obviamente irracional postura patológica. En ambos casos, será la terapia la que deberá utilizar la lógica no ordinaria de la patología para poderla desmontar en vez de pretender que esta se adapte a una lógica ordinaria (Nardone y Balbi, 2008). Esto es válido también en contextos no clínicos. Piénsese, por ejemplo, en el caso de un directivo que insista en aplicar las estrategias que en el pasado le garantizaron el éxito frente a su evidente fracaso en el presente.

En este enfoque el cambio se realiza estratégicamente haciendo que las personas, partiendo de su punto de vista, adopten perspectivas alternativas que pueden ser evocadas durante los diálogos o experimentadas mediante prescripciones sugestivas que hay que cumplir entre una sesión y otra. Grandes personalidades como Milton H. Erickson, que se dice que trató unos veinte mil casos, Don D. Jackson, John Weakland, Salvador Minuchin, Virginia Satir, Cloé Madanes y Steve de

Shazer, además de Paul Watzlawick obviamente, que tiene el mérito de haber formulado la teoría del cambio interaccional sistémico y estratégico, han contribuido a demostrar la gran eficacia y potencialidad de este enfoque a la hora de abordar problemas clínicos aparentemente irresolubles, como las patologías psíquicas mayores. Ahora bien, esto ha creado una especie de aura mágica en torno a los enfoques del cambio interaccional y estratégico, como si solo pudiesen ser obra de «maestros» especialmente dotados y, por lo tanto, no pudiesen ser transferidos a alumnos que no fueran también excepcionales, ni mucho menos reproducibles por quien no estuviese predispuesto por naturaleza. Este prejuicio ha sido totalmente desmentido por el trabajo de investigación empírico-experimental sobre el terreno para la elaboración de estrategias y estratagemas terapéuticas específicas para la mayoría de las psicopatologías llevado a cabo en los últimos treinta años en el CTS —Centro di Terapia Strategica— de Arezzo, que ha permitido hacer replicables y transmisibles técnicas terapéuticas que han demostrado ser especialmente eficaces y eficientes (Watzlawick y Nardone, 1997; Nardone y Watzlawick, 2005; Nardone y Balbi, 2008; Castelnuovo *et al.*, 2013; Pietrabissa *et al.*, 2014; Pietrabissa *et al.*, 2016). Se trata de un modelo basado en prácticas replicables y adquiribles por cualquiera que esté dispuesto a afrontar un proceso de aprendizaje ciertamente exigente, pero asequible si se hace con voluntad, determinación y tenacidad. Esta teoría del cambio exige no solo una elevada capacidad por parte de quien la aplica, sino también, para quien quiera dominarla teórica y prácticamente, un notable esfuerzo y una gran constancia para aprender las habilidades del *problem solving* y las capacidades para utilizar la comunicación en sentido estratégico. En otras palabras, se trata de convertirse en auténticos *performer* del cambio estratégico, y esto implica, como ocurre en cierto modo en las artes marciales más sofisticadas, la adquisición de una técnica mediante experiencia guiada y supervisada, hasta que se exprese naturalmente con su propio modo de actuar. Los protocolos estratégicos, aunque estructurados en una secuencia rigurosa de técnicas, a diferencia de los conductuales, no están rígidamente estandarizados, sino que siempre contemplan una adaptación a las particularidades de los sujetos y de sus contextos, tanto en el lenguaje como en el tipo de relación. Esto hace que el proceso de formación para el director/actor del cambio sea más laborioso y exigente, pero también lo protege del riesgo de anquilosarse en esquemas de intervención no adaptables y, por tanto, no ajustados a las exigencias reales del que pide ayuda.

Como afirmaba Gregory Bateson, «el rigor por sí solo es la muerte por asfixia, pero la pura creatividad es locura». Hacer que una persona realice un auténtico cambio emocional correctivo implica que quien la guía hacia este objetivo sea capaz de hacerlo de la manera más eficaz, adecuada y en el momento propicio. Por consiguiente, no basta con saber qué hay que hacer, porque hay que saber hacerlo eficazmente y elegir el momento más adecuado para hacerlo. La unión entre ciencia y arte es lo que posibilita realizar cambios a veces aparentemente imposibles. Pero, paradójicamente, los puntos fuertes de este enfoque son también sus puntos débiles. La necesidad de que quien efectúa el cambio tenga una formación mucho más dura que la que requieren otros métodos, y el hecho de estar expuesto a la rigurosa comprobación de su capacidad para desempeñar la función de *problem solver* hacen que este modelo solo sea elegido por quien tiene una elevada autoestima y pretenda involucrarse como *performer*. En otras palabras, como esta metodología es la que expone más al terapeuta, también es la que le da menos seguridad y lo protege menos en su función. Por esto, el método estratégico es tan selectivo que es descartado por el que desea una vida profesional tranquila. Nunca hay que olvidar que la elección de la teoría que se va a aplicar está muy relacionada con nuestra personalidad y, una vez adoptada, se convierte en el elemento fundamental de nuestra identidad. Precisamente, el hecho de ser una combinación de ciencia y arte es lo que hace que el enfoque estratégico del cambio sea tan deseable para algunos y suscite al mismo tiempo tanta aversión en otros. Es tan riguroso en sus estrategias que a los defensores del cambio sobre la base de la autenticidad y la espontaneidad les parece rígido, y a los que prefieren el rígido control procedimental demasiado artístico. Su límite se corresponde con su virtud.

6. El cambio estratégico

El verdadero peligro no es plantearse objetivos demasiado elevados y no alcanzarlos, sino planteárselos demasiado bajos y alcanzarlos.

MIGUEL ÁNGEL BUONARROTI

Una vez expuestas las cuestiones más significativas sobre el cambio personal y sobre cómo puede llevarse a cabo, comparando los enfoques teóricos que han ofrecido formulaciones válidas y fiables, y tras haber considerado también las aportaciones de las neurociencias al conocimiento de los mecanismos cerebrales del cambio, no nos queda más que resumir todas estas ilustrativas cuestiones.

In primis, el hecho de que el cambio sea un fenómeno inevitable y constante en la vida de todos los sistemas vivos, y que en el ser humano adquiere mayor complejidad debido a que es más evolucionado que otras especies. Directamente relacionado con este dato está su contrario aparente, esto es, el hecho de que todo sistema vivo tiende a resistirse al cambio de su equilibrio una vez este se ha constituido como homeostasis.

La aparente paradoja de la convivencia entre impulsos evolutivos y resistencias a cambiar el equilibrio es en realidad el fenómeno básico del funcionamiento de la vida de todos los organismos y, por lo tanto, no debería sorprendernos, aunque sigue haciéndolo. De estas prerrogativas del cambio se desprende que, si una persona quiere realizar el paso de un estado a otro necesariamente deberá enfrentarse a sus propias resistencias naturales, por muy intensamente que pueda desear el cambio. Eso significa que la voluntad y la exigencia de cambiar han de enfrentarse y superar la resistencia que el organismo presentará frente a cualquier cosa que pretenda alterar su homeostasis. De ahí que consideremos que la razón, la voluntad y la necesidad no son suficientes para realizar cambios importantes, porque raramente se arriesgan a vencer las resistencias que les opone el sistema vivo estabilizado en su equilibrio. Ni siquiera un sufrimiento agudo es suficientemente poderoso, en la mayoría de los casos, para conseguir alterar esta homeostasis. Es un fenómeno evidente en los pacientes con patologías severas que piden ayuda pero boicotean la terapia, consciente o inconscientemente, no siguiendo las prescripciones o haciéndolo solo de forma parcial. Partiendo de la base de esta constatación empírica, ha sido necesario inventar recursos capaces de sortear las resistencias del individuo y permitir el cambio de su forma de sentir y de actuar. Son numerosos los ejemplos desde la Antigüedad hasta nuestros días, que a menudo se citan como efectos taumatúrgicos o mágicos o como el destello de genialidad de un gran hombre, porque en su dinámica violan la racionalidad y la lógica lineal que el hombre moderno ha formulado y a la que se ha sometido. No obstante, algunos de los importantes autores que hemos citado han sido capaces de demostrar que estas formas sugestivas de cambio pueden ser reproducidas como técnica, una vez libres del vínculo de la «diosa razón», capaces de impulsar nuestro pensamiento y nuestra acción más allá de los límites impuestos por esta. Como hemos visto, para romper la persistente homeostasis de un sistema humano se necesitan experiencias concretas, que pueden ser hechos vividos o experiencias internas desestabilizadoras, fruto de potentes acciones en el curso de un diálogo capaz de provocar percepciones que desencadenan reacciones emocionales tan fuertes que alteran el equilibrio preexistente y abren la vía al cambio en el sentir y el actuar. Según la feliz expresión de Franz Alexander, «la experiencia emocional correctiva» efecto de eventos casuales planificados.

Precisamente, es el concepto de «eventos casuales planificados» el que marca la diferencia entre experiencias casuales y experiencias estratégicamente producidas, o sea, lo que hace que el cambio de una persona a través de la aplicación de una técnica específica sea diferente del que deriva de un obstáculo existencial casual y no planificado. Marca la diferencia entre los enfoques estratégicamente orientados y los que confían en la espontaneidad e imprevisibilidad del cambio de la persona. Como ya hemos aclarado, los primeros representan modelos de intervención que han demostrado eficacia, eficiencia, replicabilidad, transmisibilidad y predictividad del cambio y, por tanto, siguen los criterios fundamentales de la ciencia. Este es el motivo por el que en nuestra exposición hemos hecho caso omiso, deliberadamente, de muchas teorías relativas al hombre y a su sentir y actuar que no satisfacen estos criterios, aunque sean muy conocidas y, extrañamente, se sigan enseñando en las universidades. Solo consideramos válido el cambio obtenido mediante estrategias planificadas constituidas por técnicas específicas, que a veces prevén incluso la adaptación artística de la intervención, pero siempre con una práctica rigurosa en la que la solución se ajusta al problema y al objetivo prefijado. Da igual si este se produce con progresivos aprendizajes condicionados, con abreacciones psicodinámicas, con fulgurantes interpretaciones, mediante saltos dialécticos o diálogos ilustrativos, o a través de la aplicación de sofisticadas estratagemas, sugestivas evocaciones o, incluso, prescripciones paradójicas. Lo importante es que sea una técnica capaz de provocar la experiencia emocional correctiva, sorteando o derribando las resistencias al cambio. A esto lo llamamos «cambio estratégico», no en el sentido de que sigue la teoría estratégica, sino porque se inscribe en una lógica estratégica del cambio de la persona, de su sentir y de su actuar, entendido como efecto deliberado de la aplicación de una modalidad específica de intervención. No importa si los tiempos son largos o breves; lo importante es que desde el principio se observen cambios, aunque sean pequeños, en la percepción y en la actuación de la persona. Como sugiere la antigua sabiduría china, «no importa si las cosas se mueven lentamente: lo importante es que no estén paradas». Por último, el cambio obtenido solo se estabiliza si se produce una nueva homeostasis del sistema, que por su naturaleza será resistente al cambio y, por lo tanto, se mantendrá en el tiempo. Sin embargo, hay que tener en cuenta el hecho de que los cambios evolutivos de crecimiento personal, a diferencia de los terapéuticos, exigen flexibilidad y adaptación constantes y, por consiguiente, una cierta inestabilidad del sistema que, de lo contrario, se anquilosa en su equilibrio y no evoluciona. En la naturaleza, como nos enseña Darwin, la falta de evolución es lo que conduce a la extinción de una especie incapaz de adaptarse. De hecho, como observa Einstein en una de sus brillantes analogías, lo que marca la diferencia entre la ameba que no cambia su estado, y por eso muere, y el hombre, que sobrevive, es precisamente la capacidad de adaptación. Por consiguiente, a la hora de planificar la intervención es importante saber reconocer el tipo de sistema sobre el que se va a actuar y cuáles son sus necesidades adaptativas. Un mánager o un artista nunca han de estabilizar demasiado un cambio realizado, porque el primero provocará la quiebra de su empresa al hacerla rígida e incapaz de adaptarse a los cambios continuos del mercado, mientras que el segundo será incapaz de mejorar su actuación, porque seguirá mostrando las mismas habilidades de siempre.

Una vez definidos estos puntos esenciales respecto del cambio personal, podemos proponer ahora al lector todo lo que hemos elaborado y desarrollado en el CTS de Arezzo, que precisamente fue fundado por Paul Watzlawick y Giorgio Nardone en 1987 con objeto de desarrollar el modelo interaccional de la *Brief Therapy* del Mental Research Institute y convertirlo en una teoría más innovadora del cambio y de técnicas más avanzadas justamente por su especificidad y diferenciación. Los treinta años que llevamos trabajando en investigación y en intervenciones prácticas y formulaciones teóricas han dado como resultado la formalización de protocolos que se han ido consolidando a la vez que se mantienen en constante evolución para producir el cambio estratégico, tanto terapéutico como evolutivo, en contextos clínicos o de otro tipo, con un elevado y verificado grado de eficacia y eficiencia. Con el tiempo, este modelo se ha convertido, gracias a la replicabilidad de sus técnicas, en uno de los más difundidos en el mundo y se ha transformado en una auténtica escuela de pensamiento y pragmática, siguiendo la tradición de Palo Alto.

La formulación teórica y práctica del modelo de *problem solving* estratégico (Nardone, 2009), como hemos visto antes, copia la secuencia de pasos propios de la investigación científica que, según expresó Karl Popper (1983), comienza cuando «se tropieza» con un problema; luego se estudian todas sus características, se analizan los intentos de solución puestos en práctica hasta el momento, pero que no han funcionado, se buscan soluciones alternativas, se aplican y se miden sus efectos y se ajusta la estrategia hasta conseguir que sea eficaz.

ESQUEMA DEL *PROBLEM SOLVING* ESTRATÉGICO

PROBLEMA
⇩
DEFINIR EL PROBLEMA
⇩
ACORDAR EL OBJETIVO
⇩
ANÁLISIS Y EVALUACIÓN DE LAS
SOLUCIONES INTENTADAS
⇩
SOLUCIONES ALTERNATIVAS
⇩
AJUSTAR LA ACTUACIÓN PROGRESIVAMENTE
⇩
SOLUCIÓN

A todo esto se añade la lógica estratégica de la ambivalencia (Nardone y Balbi, 2008), esto es, la lógica de la utilización, como instrumento riguroso de intervención, de las contradicciones, paradojas y creencias, por estar más en consonancia con las dinámicas del cambio que la lógica clásica, que no contempla fenómenos no lineales y no ordinarios. La lógica de la racionalidad no es capaz de contemplar, y mucho menos de explicar, la conducta contra natura de una anoréxica que deja de comer hasta poner en riesgo su vida, y tampoco la realización de rituales compulsivos para propiciar hechos por parte del obsesivo-compulsivo, ni el intento de controlar constante y fóbicamente la salud por parte del hipocondríaco que, por paradójico que parezca, debilita su sistema inmunitario hasta enfermar de verdad por miedo a enfermar.

Elaborar modelos lógicos capaces de gestionar esos tipos no ordinarios de fenómenos humanos ha sido el fruto de un laborioso trabajo empírico-experimental sobre el terreno, basado en el principio de que hay que cambiar una realidad para conocerla. Este proceso de investigación se ha focalizado en la elaboración de estrategias y estratagemas terapéuticas eficaces para solucionar las dinámicas de patología mental —o disfuncionalidad de sistema— que serían imposibles de gestionar con una lógica ordinaria.

El perfeccionamiento progresivo de las técnicas de intervención, y su repetición en amplias muestras de sujetos con problemas específicos para los que se han adoptado soluciones específicas, ha permitido conocer realmente el funcionamiento de estas últimas y, a partir de ahí, elaborar modelos lógicos ajustados al problema específico.

En palabras de Einstein: «Hemos necesitado un nuevo modo de pensar para resolver los problemas creados por el viejo modo de pensar». Este modo de estudiar los problemas a partir de sus soluciones y los modelos de lógica estratégica no ordinaria para la elaboración de las estrategias de intervención se han aplicado tanto en el contexto del cambio terapéutico como en el del cambio evolutivo.

De ello han derivado tres tipos distintos de intervención: la psicoterapia breve estratégica, el *coaching* estratégico y el *problem solving* estratégico de sistemas complejos.

6.1. La psicoterapia breve estratégica

En este primer caso se han formalizado auténticos protocolos de tratamiento estratégico para la mayoría de las formas de psicopatología invalidante (trastorno de ataques de pánico, trastornos fóbicos, hipocondría, obsesiones y compulsiones, trastornos alimentarios, trastornos depresivos, trastornos sexuales, trastorno de estrés postraumático) y de sus correspondientes variantes. Estos tratamientos han conseguido resultados superiores a las otras formas de psicoterapia, incluida la cognitivo-conductual, que se autoproclama *gold standard* (Muriana *et al.*, 2006; Cagnoni y Milanese, 2009; Castelnuovo *et al.*, 2013; Nardone y Portelli, 2013; Nardone y Salvini, 2013; Pietrabissa *et al.*, 2014; Pietrabissa *et al.*, 2016; Nardone, 2016; Nardone y Valteroni, 2017; Caputo y Milanese, 2017; Jackson *et al.*, 2018).

El ejemplo tal vez más sorprendente es el tratamiento del trastorno obsesivo-compulsivo, auténtica «bestia parda» de la psicopatología por su carácter aparentemente absurdo y por su formidable resistencia. Pensemos, por ejemplo, en la persona que presenta la irrefrenable compulsión a ir continuamente al baño por miedo a hacerse sus necesidades encima tras haber salido de casa. De nada valen las explicaciones sobre la irracionalidad de este modo de actuar; es más, por lo general son los pacientes los que declaran que lo que hacen es irracional, pero que no pueden evitarlo. La técnica utilizada en estos casos consiste en prescribir la obligación de ir al baño durante los primeros cinco minutos de cada hora para ver «si se escapa algo». Esto permite al sujeto experimentar con sorpresa que no es así, hasta que empieza a vivir la consigna como una auténtica tortura y comienza a saltarse alguna cita. Luego se prescribe la obligación de hacer la «sentada en el váter» durante cinco minutos cada dos horas. Por lo general, el efecto es el propio deber: se hace cada vez menos, y se consolida así en la persona la sensación de que ya no es incapaz de gestionar su compulsión y de que se está liberando de una trampa construida por él mismo en un intento contraproducente de combatir su compulsión fóbica. Se continúa el tratamiento reduciendo las visitas obligadas al baño hasta limitarlas «a demanda», es decir, cuando realmente sea necesario. Por lo general, en unos pocos meses esos sujetos que a menudo se desesperan durante años probando ineficaces procesos terapéuticos consiguen la remisión total de su patología invalidante.

También cabe pensar en la aparentemente mágica primera sesión con una joven anoréxica, en la que el diálogo terapéutico conduce a desmontar la conducta alimentaria peligrosamente restrictiva, utilizando técnicas experimentadas y rigurosas (Vanderlinden, 2001; Nardone y Valteroni, 2017). En esta fase del coloquio clínico, gracias a sugestivas evocaciones, se le transmiten a la muchacha sensaciones agradables en relación con alimentos rechazados hasta entonces, aunque solo de pensamiento. Para provocar el efecto evocador, el terapeuta pregunta: «Si pudieses comer sin miedo a engordar, ¿qué es lo que más te gustaría comer? Hagamos una clasificación de los alimentos que más te gustan». De este modo induce a la muchacha a describir con detalle sus comidas preferidas, preguntándole, por ejemplo, si le gusta más la *pizza* blanda y gruesa o la fina y crujiente, con *mozzarella* caliente que se deshace y con mucho tomate; si prefiere el chocolate suave con leche o el duro y amargo, etc. La evocación de las imágenes de los alimentos preferidos y de su forma más apetecible provoca un efecto de placer auténtico en la muchacha, que abre una brecha en la «armadura abstinente» típica de este trastorno. Como ha demostrado Doidge (2007, 2015), las visualizaciones dirigidas producen efectos sensoriales semejantes a los reales, y esto representa un poderoso vehículo de cambio, sobre todo frente a quien no se concede el placer por miedo, como en el caso de las anoréxicas.

6.2. El *coaching* estratégico

El modelo de *coaching* estratégico concierne al crecimiento personal, al desarrollo de los talentos y a la superación de los propios límites, y ha sido desarrollado para intervenir en las situaciones en que el individuo tiene dificultades para alcanzar sus objetivos sin manifestar una patología pero está limitado justamente por su actuación disfuncional en relación con el objetivo que hay que conseguir (Milanese y Mordazzi, 2007; Montano, Nardone y Sirovich, 2012). Por ejemplo, el atleta que insiste en realizar entrenamientos agotadores con la esperanza de conseguir un rendimiento mejor y obtiene el resultado contrario porque el sufrimiento del entrenamiento provoca una reacción emocional adversa ante el rendimiento. Es decir, la mente antigua se rebela y protesta contra la moderna. En estos casos, centrar la atención del deportista en la búsqueda de sensaciones positivas cuando está entrenando, interrumpiendo la agotadora repetición de los ejercicios, e instarlo a interrumpir el entrenamiento cuando perciba la sensación de euforia hará que esta quede impresa en la mente, tanto antigua como moderna, reuniéndolas en una práctica orientada a un objetivo. Esta técnica, aparentemente simple, a veces produce efectos tan extraordinarios que dan la impresión de ser pura magia, cuando en realidad no son más que el resultado de la sabia aplicación del modelo, centrado en este caso en el bloqueo de la solución fallida intentada, que abre la vía al cambio como efecto descubrimiento (Baird *et al.,* 2012). Se trata también, en este caso, de «surcar el mar a espaldas del cielo», porque la concentración de la atención en las sensaciones positivas, más que en el esfuerzo cada vez mayor que hay que realizar, crea una interacción constructiva entre ambas mentes, basada en el placer y no en el dolor o en la fatiga. Esto lo sabía por experiencia Albert Einstein, que cuando tenía dificultades para resolver un problema se levantaba de la mesa de trabajo y tocaba el violín un rato; luego se concentraba de nuevo en el problema y muchas veces había encontrado la solución creativa.

Otra situación ilustrativa y recurrente es la del directivo que, al llegar a un punto determinado de su carrera, no consigue avanzar más porque necesita una revisión de sus estrategias que no le permiten nuevos avances profesionales. La mayoría de las veces, estas personas, que por lo general demuestran una gran dedicación, rigor y disposición al cambio, están repitiendo lo que en el pasado les proporcionó el éxito, tanto en las estrategias como en los modos de comunicar y de relacionarse. Acaban así alimentando aquello que querrían cambiar, porque insistir en lo que los ha llevado hasta ese punto no les permite evolucionar e ir «más allá»; de lo contrario, ya lo habrían hecho. A veces resulta realmente sorprendente que personas muy dotadas y muy exigentes se queden atrapadas en la repetición de aquello que los ha conducido al éxito, sin conseguir desarrollar estrategias, estratagemas y conductas eficaces para los nuevos desafíos representados por la promoción profesional.

En estos casos, la primera maniobra importante de cambio consiste en hacer que la persona reflexione a diario sobre cómo podría conseguir voluntariamente que su situación empeorase, en vez de mejorar.[1] Esta prescripción, basada en una lógica paradójica, por lo general hace que la persona se dé cuenta de que, si insiste en hacer lo que ha hecho siempre seguirá obteniendo lo que siempre ha obtenido, pero nada más. El lector ha de tener en cuenta que este mecanismo no es propio de una patología, sino que es una tendencia a esquematizar habitual y natural de nuestra mente. Y, como nos enseña Gödel, si estamos dentro de un sistema no podemos ver lo que a menudo le parece evidente al que está fuera. La pregunta sobre «cómo empeorar» provoca por tanto una sensación aversiva frente a lo que hasta ese momento parecía positivo seguir haciendo, y produce un auténtico cambio de perspectiva. Esto desencadenará el cambio emocional correctivo, que luego se consolidará transformando las anteriores estrategias (ahora ya ineficaces) en otras más adecuadas a los nuevos objetivos que hay que conseguir. Tras el cambio obtenido de forma sugestiva y a través de una lógica no ordinaria, se induce al directivo no solo a desarrollar y aplicar nuevas estrategias, sino también a adquirir flexibilidad mental y una modalidad de comunicación consigo mismo capaz de hacerlo percibir cuándo empieza a anquilosarse de nuevo en posturas y conductas que, si bien antes parecían eficaces para lograr el objetivo propuesto, en el momento en que se repiten se tornan fallidas. Esto significa que, en una intervención de *coaching* estratégico, no solo se sustituyen las soluciones intentadas por otras más eficaces, sino que se intenta, además, que el sujeto construya

---

1   La pregunta sobre «cómo empeorar» es una técnica fundamental de PSE (Nardone, 2009) y consiste en decirle a la persona que todas las mañanas se pregunte, durante unos minutos: «Si yo voluntaria y deliberadamente me comprometiese no a mejorar mi situación, sino a empeorarla más, ¿qué debería hacer o dejar de hacer? ¿Qué debería pensar o dejar de pensar si, extrañamente, quisiera que las cosas fueran aún peor?»

una actitud diferente ante las cosas y ponga en práctica el ejercicio mental constante de mirarlas al menos desde cinco puntos de vista distintos[2] antes de tomar decisiones y de elegir de manera crítica. En palabras de Aristóteles, «la excelencia es una actitud» para tratar de mejorarse constantemente.

6.3. El *problem solving* estratégico para sistemas complejos

Este tercer método fue elaborado para situaciones no individuales sino de organización, donde las dinámicas se tornan más complejas, puesto que afectan no solo a más personas, sino también a más contextos y roles implicados en la gestión de una institución, una fábrica o una organización productiva (Nardone, Milanese y Prato Previde, 2012; D'Andrea y Nardone, 2015). En estos casos los objetivos son generalmente múltiples, y también las resistencias al cambio. Por lo tanto, la intervención de PSE se vuelve más compleja, aunque —importante— no por esto más complicada. Es más, la complejidad reside en idear soluciones simples que se ajusten al sistema, resolviendo sus complicaciones y permitiendo así el comienzo de un proceso de cambio caracterizado la mayoría de las veces por intervenciones de ruptura de esquemas y por proyectos que hacen evolucionar el funcionamiento del sistema.

Sobre esta cuestión, es ilustrativo el ejemplo de una gran agencia de corredores de seguros cuyo problema es la caída de la eficiencia productiva debido a que la mayoría de jóvenes brókers abandona rápidamente la empresa para irse a trabajar con la competencia. El motivo más frecuente para esas renuncias parece ser la agudización de conflictos entre estos y los brókers más antiguos, con los que los

---

2   Este ejercicio de PSE sirve para lograr que la persona sea cada vez más flexible en su capacidad de observar la realidad desde puntos de vista distintos y, por tanto, de incrementar sus habilidades de *problem solving* de acuerdo con el «imperativo ético» de Heinz von Foerster: «Compórtate siempre de tal modo que aumentes las posibilidades de elección».

jóvenes tienen que hacer su formación. Aplicándoles el método de la formación enmascarada, se realizó una jornada de trabajo a partir del modelo de PSE para sistemas complejos, a la que asistieron todos los brókers junto con la dirección y los propietarios. En la fase práctica y demostrativa, como ocurre habitualmente, el problema que habían pedido que resolviéramos fue el que acabamos de describir. Ya durante la investigación sobre las características del problema, realizada mediante la técnica del diálogo estratégico (Nardone y Salvini, 2004), surgieron discrepancias de perspectiva entre los brókers con más experiencia y los jóvenes. Los primeros acusaban a los segundos de ser presuntuosos, arrogantes y muy poco dispuestos al sacrificio, mientras que los segundos acusaban a los mayores de ser excesiva e injustificadamente duros, hasta rozar a veces la mala educación. También los acusaban de no tener interés en formarlos bien porque se convertirían en sus rivales en el mercado. El tono era muy subido, y nosotros, adoptando el papel de directores de orquesta, tuvimos que gestionar estas formas de expresión exasperadas reconduciendo varias veces a los participantes al objetivo del ejercicio, que había de ser hallar una salida al enredo en el que todos estaban atrapados. Cuando les propusimos que imaginaran cómo sería la realidad cuando el problema estuviera resuelto[3] empezó a entreverse alguna posibilidad de transformar el conflicto en colaboración. Pero sobre todo salió a la luz el hecho de que era una costumbre de la empresa que los brókers seniors fuesen duros, para forjar, más que formar, a las nuevas generaciones. En realidad, todos los séniors habían pasado por esta prueba, que luego había resultado ser para ellos una experiencia

3   Otra técnica básica del PSE es la del «escenario más allá del problema», que consiste en preguntar a la persona (o al grupo): «Si por un milagro su objetivo hubiera sido ya alcanzado/su problema hubiera sido resuelto, ¿qué cambiaría en la situación? ¿Qué escenario contemplaríamos? ¿En qué notaríamos que el objetivo ha sido alcanzado/el problema resuelto?». Esta técnica sirve para desplazar la atención del presente problemático al futuro sin el problema, y, de este modo, permite no solo aclarar en los detalles el objetivo que se pretende conseguir, sino también producir de inmediato un efecto de «profecía que se autocumple» en la dirección deseada.

formativa fundamental. A estos argumentos, sin duda razonables, opusimos una serie de preguntas aparentemente banales: «¿Ustedes creen que las nuevas generaciones tienen las mismas características y peculiaridades que las viejas? ¿Tienen la misma hambre de éxito o están acostumbradas a una realidad mucho más cómoda? ¿Quieren cambiar el mundo como queríamos los que tenemos más de cincuenta, o están cómodamente instaladas en el bienestar garantizado? ¿Están dispuestas a los mismos sacrificios o las hemos mimado demasiado y ahora esperan conseguir las cosas sin demasiado esfuerzo?». Esta serie de preguntas orientadoras [4] produjo en los séniors, así como en la dirección y en los propietarios, una especie de iluminación. De repente se dieron cuenta de la existencia del conflicto generacional y de que pretendían algo que los jóvenes no podían dar ni aceptar. Los jóvenes, por su parte, declararon que, vistas las cosas desde esta perspectiva, todo cambiaba porque sus severos formadores hacían de forma sincera y auténtica lo que habían aprendido y los había llevado al éxito profesional. Por consiguiente, ahora parecía razonable el resentimiento ante su actitud de suficiencia y de incomprensión. En resumen, todos llegaron a la conclusión de que ambas partes debían y podían cambiar su modo de obrar y actuar de una manera más adecuada y eficaz. Y más porque su «juego» no era de los que tienen un vencedor y un perdedor, sino que era un juego en el que ambos ganan o pierden (esto es, un «juego de suma distinta a cero»). Después de este importante cambio se procedió a reorganizar la formación de los jóvenes brókers y a redimensionar las expectativas, tanto de los séniors como de la dirección respecto al fuerte compromiso que se pretendía que adquiriesen los jóvenes. Al mismo tiempo se planificó un proceso a largo plazo de formación en PSE y en comunicaciones performativas a fin de incrementar la capacidad de los júniors y hacer que, tal vez trabajando menos y de manera distinta a la de los séniors, pudieran garantizar resultados análogos. El ambiente de la empresa

---

4   Remitimos al capítulo siguiente para la exposición de las distintas técnicas que forman parte del diálogo estratégico.

ha cambiado totalmente: en vez de discusiones hay disponibilidad, cooperación y comprensión del otro; inmediatamente se vieron los resultados en cuanto a productividad y también se redujo drásticamente la «mortalidad» de los jóvenes brókers.

Como ya escribimos en una obra reciente sobre la psicología de la actuación económica (Nardone y Tani, 2018), con mucha frecuencia los sistemas complejos no tienen en cuenta factores como las dinámicas interpersonales y las idiosincrasias culturales de las distintas generaciones, y confían en exceso en la experiencia pasada que raramente puede ser reproducida en el presente, o bien en sofisticados algoritmos matemático-estadísticos que prometen milagros por ser hijos de una ciencia exacta, pero que casi nunca cumplen la promesa. Desgraciadamente, crisis y fracasos son, con frecuencia, el resultado de la ceguera de quien trabaja con sistemas complejos en relación con los factores humanos y relacionales. Como dijo la Royal Academy inglesa, tras un profundo análisis de la gran crisis económica europea, esta no fue evitada ni fue bien afrontada porque la gestionaron los economistas. Como advertía Benjamin Franklin, «es bien sabido por experiencia que los seres humanos no aprenden de la experiencia».

7. Ciencia y arte: regularidad y singularidad del cambio

Aunque el sufrimiento puede ser el mismo, cada uno lo interpreta a su manera. Esta afirmación puede parecer un sugestivo aforismo, pero, en realidad, alude a uno de los fenómenos menos considerados por parte de quien estudia y efectúa el cambio, esto es, el hecho de que este se manifiesta tanto de manera regular como de manera singular. Eso significa que se pueden observar, en la naturaleza y en las dinámicas humanas personales, relacionales y sistémicas, cambios que se repiten del mismo modo y que se reproducen de la misma manera, así como formas originales e irrepetibles. Respecto de esta cuestión, siempre ha habido dos bandos enfrentados: los que creen necesario considerar cada intervención de cambio como algo que hay que adaptar a cada situación, como los grandes terapeutas Milton Erickson, Virginia Satir y Carl Whitaker, y los que, en cambio, consideran indispensable estandarizar las intervenciones, como Albert Bandura, Aaron Beck y Richard Lazarus.

Estas visiones opuestas han influido mucho en el debate abierto en el mundo del cambio terapéutico. Ni siquiera desplazando la atención a los contenidos no clínicos y organizativos las cosas cambian, porque en el campo del crecimiento personal y de la actuación, y en el de las intervenciones sobre sistemas complejos, el enfrentamiento entre quienes se inclinan por la regularidad y quienes lo hacen por la irregularidad de las estrategias de cambio es quizá todavía más fuerte, ya que por una parte están los algoritmos que hay que aplicar estrictamente y, por la otra, los que basan su intervención en la originalidad de las personas, de los contextos y de los sistemas. En el campo de las terapias, la exacerbación de estos dos enfoques ha dado lugar, por una parte, a rígidos protocolos estandarizados (Chambless y Hollon, 1998; Chambles *et al.,* 1998; Chambles y Ollendick, 2001) y, por la otra, a enfoques basados en la improvisación (Keeney, 1991, 2009). No obstante, si se examina atentamente el trabajo de los autores citados, se descubre que Erickson, Satir y Whitaker, ante casos que presentaban la misma patología, reproducían las mismas estrategias aunque adaptándolas a las peculiaridades personales y contextuales; igualmente, Beck, Bandura y Lazarus al aplicar rigurosamente sus protocolos trataban siempre de ajustarlos a la singularidad del caso. Esto significa que la oposición teórica se disolvía en la práctica. Lo mismo ocurre en los otros contextos de aplicación, por ejemplo, cuando los mejores *coach* utilizan técnicas reproducibles, pero las adaptan a la singularidad de cada individuo o, al contrario, trabajan sobre el talento individual, pero repiten las estrategias de éxito aplicadas a otros casos. En el mundo de la empresa o de las instituciones, el que realiza el cambio está aún más obligado a oscilar entre la reproducción y la adaptación de las intervenciones debido a la mayor presencia de factores diversos que influyen en el desarrollo de las cosas; el que no lo hace está condenado a un rápido y clamoroso fracaso.

Hace veinte años, en un libro escrito conjuntamente con Paul Watzlawick (Watzlawick y Nardone, 1997), planteábamos que hacer cambiar a una persona exige siempre regularidad y singularidad en la intervención, dado que la primera se refiere al nivel lógico de la estructura del problema y de la estrategia que puede resolverlo, y la segunda se refiere a la adaptación, durante la aplicación, de la comunicación y de la relación con el sujeto y con su contexto existencial, y a veces a la originalidad con que manifiesta su trastorno. Se trata de otro nivel lógico, es decir, el mismo problema posee características distintas según el nivel lógico de su análisis. Por consiguiente, no debe sorprender la ambivalencia de que se actúe sistemática y rigurosamente mediante acciones reproducibles y predictivas en el nivel lógico de la estrategia, mientras que se actúa de forma artística y adaptativa en el nivel lógico de la interacción directa con el sujeto que ha de cambiar su forma de sentir y de actuar.

En las clases de problemas clínicos hay variantes conocidas, pero también posibilidades de expresión de la sintomatología totalmente singulares, del mismo modo que cada cuadro clínico presenta por lo general formas propias de relacionarse y de comunicar por parte del sujeto, pero puede haber excepciones sorprendentes. Por consiguiente, una intervención eficaz de cambio ha de tener presente la técnica más adecuada a la estructura del problema que hay que resolver o al objetivo que hay que alcanzar, las modalidades de comunicación que permiten influir en la persona, que en cualquier caso se resiste al cambio, y las posturas relacionales que hay que adoptar de vez en cuando para establecer un contacto emocional con quien pide ayuda y ha de sentir que es comprendido. Todo esto crea un contexto en el que la misma acción cambia constantemente porque se adapta a las características originales que marcan las diferencias individuales, familiares y de los distintos sistemas complejos. Al mismo tiempo, incluso los recursos más creativos y las formas de comunicar más evocadoras deben formar parte de un proceso riguroso y sistemático orientado a la consecución del objetivo fijado.

«Todo cambia, pero sigue siendo lo mismo», como dicen la antigua sabiduría oriental, expuesta en el *Libro de los cambios* de Lao Tse, y la filosofía griega de Heráclito, cuyo concepto de «enantiodromía» expresaba «el juego de los opuestos en el devenir, esto es, la noción de que todo lo que es pasa a su contrario», alternando lo nuevo y lo viejo.

Respecto a la práctica y a la teoría del cambio en Oriente, ya en aquel tiempo un grupo de maestros del arte de la estratagema elaboró un auténtico *problem solving* estratégico y un lenguaje performativo para su aplicación.

En Occidente, los sofistas elaboraron una comunicación estratégica que incluía la utilización de una lógica no ordinaria para afrontar los problemas en los que la ordinaria no tenía éxito. El filósofo George Santayana afirma al respecto: «Nada nuevo bajo el sol sino lo olvidado»; nosotros añadimos que «es importante mirar el pasado para ver el futuro». No hay innovación sin tradición, como no hay ciencia sin arte y no hay arte sin técnica rigurosa.

Para que el cambio estratégico sea realizado de manera eficaz y eficiente, replicable y predictiva hace falta mucho rigor y precisión, pero al mismo tiempo flexibilidad e inventiva. Quien quiera practicarlo en otros o, con más habilidad, en sí mismo ha de cultivar, primero en su formación y luego en su constante mejora, la faceta científica y la artística, combinándolas de manera constante para que no sean la mera suma de ambas, sino una nueva cualidad más elevada, semejante al agua que es mucho más que sus componentes: oxígeno e hidrógeno.

8. Pragmática del cambio

Debemos convertirnos en el cambio que queremos ver.

GANDHI

«Un buen comienzo es la mitad de la obra». Las palabras de Pitágoras, retomadas luego por Aristóteles, indican la importancia que, desde la Antigüedad, tiene empezar con buen pie a la hora de alcanzar un objetivo. Antes que ellos, Lao Tse reflexionaba sobre el hecho de que «por largo que pueda ser un viaje siempre empieza por el primer paso».

Si trasladamos esta sabiduría antigua a la moderna pragmática del cambio personal aún resulta más evidente hasta qué punto es importante, para superar la natural resistencia al cambio de un sistema humano, prestar mucha atención a los primeros movimientos. A tal efecto, al desarrollar nuestro trabajo de investigación-intervención, hacia finales de los años noventa, nos centramos en la elaboración de una estrategia, constituida por una secuencia de maniobras y técnicas, que convirtiese el primer encuentro con la persona que quiere o debe cambiar su modo de sentir y de actuar en una auténtica experiencia emocional correctiva.

Como dijimos en *El diálogo estratégico* (Nardone y Salvini, 2004), tras años de laboriosa experimentación directa conseguimos elaborar un modelo, riguroso y flexible a la vez, de investigación-intervención en problemas presentados por las personas, que ha demostrado ser un instrumento decididamente eficaz para inducir el cambio desde la primera sesión. El diálogo estratégico se ha aplicado en los últimos quince años con enorme éxito no solo en el ámbito clínico (Nardone, 2005, 2015, 2016; Nardone y Portelli, 2005, 2013; Nardone y Selekman, 2011; Milanese y Milanese, 2015; Nardone y Valteroni, 2017; Nardone *et al.,* 2017), sino también de la empresa (Nardone, Milanese y Prato

Previde, 2012; D'Andrea y Nardone, 2015), del rendimiento (Milanese y Mordazzi, 2007; Montano, Nardone y Sirovich, 2012) e incluso en el ámbito educativo (Artini y Balbi, 2009; Nardone *et al.*, 2012). Su aplicación ha puesto en evidencia su eficacia en el contexto cultural italiano y también en otras culturas. El diálogo estratégico se utiliza con éxito en Rusia (Nardone, 1993; Nardone *et al.*, 1999; Nardone, Salvini, 2004; Kiselnikova y Danina, 2015), en Sudamérica (Nardone y Portelli, 2005; Nardone, 2005; Nardone y Salvini, 2004; Nardone, 2009, 2016; Nardone y Balbi, 2008; Nardone y De Santis, 2011; Nardone *et al.*, 2017; Nardone y Portelli, 2013; Milanese y Mordazzi, 2012), en Estados Unidos (Sommers-Flanagan y Sommers-Flanagan, 2004; Nardone y Portelli, 2005; Nardone y Watzlawick, 2005; Nardone y Salvini, 2004; Loriedo *et al.*, 2011; Milanese y Mordazzi, 2015; Nardone y Balbi, 2015; Nardone y Barbieri, 2010) y en toda Europa.

Su fuerza reside en su «compleja simplicidad», es decir, en que es una técnica de coloquio estructurada que, al ser aplicada, provoca un efecto descubrimiento de puntos de vista alternativos a los presentados por el interlocutor, que lo inducen al cambio de sus percepciones y, por lo tanto, de sus reacciones. Se induce al sujeto, con preguntas discriminantes, primero a definir concretamente su problema y los objetivos que pretende conseguir; después, mediante preguntas orientadoras, a comprender cómo supera sus dificultades o las mantiene debido a sus percepciones disfuncionales y, por tanto, a sus reacciones; por último, mediante preguntas con ilusión de alternativa de respuesta, se le hacen descubrir las perspectivas alternativas que hay que adoptar y las consiguientes acciones distintas que hay que emprender. En esta secuencia novedosa se utilizan fórmulas lingüísticas fuertemente evocadoras alternándolas constantemente con un lenguaje lógico descriptivo y un lenguaje analógico mediante imágenes, a fin de lograr que la comunicación sea claramente performativa y no simplemente explicativa. Una parte importante de la secuencia de investigación-intervención son las paráfrasis reestructurantes, cuyo objetivo es redefinir cada efecto descubrimiento realizado e imprimirlo así en la mente del interlocutor. Al final de un diálogo estratégico correctamente realizado, la persona habrá cambiado su punto de vista respecto de su problema y estará preparada para llevar a cabo los actos necesarios para resolverlo.

LA ESTRUCTURA DEL DIÁLOGO ESTRATÉGICO

I. *Las preguntas estratégicas:* son preguntas estructuradas con dos posibilidades contrarias de respuesta: el interlocutor podrá «decidir» cuál de las dos se ajusta a su caso. Partiendo de preguntas más generales, con un proceso en espiral, estas preguntas se estrechan «en embudo» a partir de las respuestas del otro, y lo llevan gradualmente al punto de cambio en sus percepciones. La secuencia nunca es rígida ni preestablecida, sino que se adapta a la lógica del interlocutor como un traje hecho a medida. Pueden ser:

- **Preguntas discriminantes:** conducen a una rápida comprensión de las características de la situación problemática que hay que resolver y del objetivo que hay que alcanzar (por ejemplo: «¿Este problema se presenta siempre o solo en determinadas circunstancias?»).

- **Preguntas orientadoras:** sirven de instrumento para inducir al interlocutor a comprender mejor las modalidades de persistencia del problema y cómo él mismo desempeña una función activa en este. Las preguntas orientadoras permiten no solo hacer entender, sino también «sentir» de modo diferente, conduciendo a la persona a cambiar sus percepciones (por ejemplo: «Cuando evita algo que teme, ¿se siente mejor o peor?»).

- **Preguntas con ilusión de alternativa de respuesta:** su finalidad es inducir en el otro la exigencia inevitable de modificar su conducta, haciendo que descubra alternativas distintas tanto de perspectiva como de acciones que hay que emprender (por ejemplo: «Si sigue evitándolo, ¿su situación mejorará o no hará más que seguir empeorando?»).

2. *Las paráfrasis reestructurantes:* a cada dos o tres preguntas le sigue una paráfrasis que exige que el interlocutor confirme si ha entendido bien lo que se le ha dicho hasta ese momento («Corríjame si me equivoco, por lo que ha dicho creo haber comprendido que…»). La paráfrasis tiene un triple objetivo: comprobar si estamos en el buen camino, transmitir a la persona la sensación de que la estamos escuchando y valorando (aumentando así su colaboración), poner en marcha un proceso de autopersuasión sutil mediante muchos pequeños acuerdos progresivos. La paráfrasis es «reestructurante» porque es el *problem solver* quien decide en qué aspectos hay que poner énfasis para provocar el proceso de cambio (por ejemplo: «Si he entendido bien, y corríjame si me equivoco, cuando se encuentra frente a algo que teme tiende a evitarlo, pero esto hace que cada vez se sienta más incapaz y aumente aún más su miedo»).

3. *Evocar sensaciones:* se refiere a la utilización por parte del *problem solver* de un lenguaje fuertemente evocador, que no solo haga entender sino también sentir, a fin de amplificar el efecto dc cambio obtenido gracias a las preguntas y a las paráfrasis (por ejemplo: «Usted me recuerda al poeta Pessoa cuando decía: "todavía llevo conmigo todas las heridas de las batallas que he evitado"»). El *problem solver* ha de mezclar sabiamente el lenguaje racional descriptivo y el evocador, dirigiéndose a ambos hemisferios del cerebro del otro como en una especie de movimiento de pinza.

4. *Resumir para redefinir:* antes de dar indicaciones operativas es importante hacer una especie de hiperparáfrasis resumen de todo lo que se ha acordado durante el diálogo. De este modo, las indicaciones de las acciones que hay que realizar se convertirán en un auténtico «descubrimiento conjunto» entre *problem solver* y cliente/paciente, incrementando así de manera notable su eficacia y su eficiencia.

8.1. El cambio terapéutico[1]

Reproducimos ahora un diálogo estratégico en el ámbito clínico, cuyo objetivo es introducir un rápido cambio en el contexto de un trastorno fóbico-obsesivo.

T= Terapeuta; P= Paciente; COT= Coterapeuta

P: Buenas tardes. Encantado.

COT: ¡Encantada!

T: En primer lugar, ¿de dónde viene?

P: Vengo de P.

T: Ah, bien… ¿Hacía buen tiempo?

P: Sí, hacía buen tiempo.

T: ¿Viento?

P: Sí, viento, allí siempre hace viento…

COT: ¿Qué le trae aquí?

P: F. me aconsejó que viniera. Siento un malestar que últimamente se ha manifestado de una forma más aguda. Hay épocas en que me fijo en cuestiones, en aspectos, de hecho, pierdo la tranquilidad. Este malestar se ha ido agudizando con los años y me ha hecho pensar que hay algo más profundo en mí. Le pongo un ejemplo: puede ser el hecho de tener que afrontar mil gastos en tiempo de crisis —los hijos, los gastos de la escuela, la hipoteca, muchas cosas— y entonces me entra la angustia de no poder hacer frente a todo. Por ejemplo, la última crisis, *(Definición del problema)*

1   El caso fue comentado por Elisa Valteroni, investigadora asociada del Centro di Terapia Strategica de Arezzo.

llamémosla así, que es la que me hizo decidir acudir al doctor F., tiene que ver con el ISIS, las amenazas a Italia. Soy consciente de que esta situación generó en mí como un… como una fijación. Lo que más me preocupa es que empecé a desarrollar una serie de comportamientos de exclusión de todo aquello que podía recordarme ese tema: dejé de mirar los telediarios. Me di cuenta de que en casa estaba siempre tenso, cualquier ruido me molestaba; al final, mire, viviendo con tres hijas… O si estoy fuera de casa vivo en un estado de vigilancia máxima, sobre todo si se trata de extracomunitarios, por lo que he pensado que tal vez necesito ayuda. Yo, le repito, fui a ver al doctor F. que, además de aconsejarme que viniera a verle, me recetó Remeron, pero 1/8, por lo que…

T: Para que quede claro, estas fobias que ahora se han desencadenado por la alarma del terrorismo, ¿es la primera fobia de tu vida o ha habido otras? ¿Puedo tratarte de tú, verdad?

Pregunta discriminante

P: Sí, sí, he tenido otras, esta es solo la última.

T: La última de la serie.

P: ¡Exactamente!

T: ¿Las anteriores aparecieron y desaparecieron espontáneamente, o tuviste que hacer otras intervenciones, otras terapias?

Pregunta discriminante

P: No, desaparecieron espontáneamente.

T: ¿Esta es la que te ha atacado con más fuerza?

P: Exactamente.

T: ¿Las anteriores aparecieron y desaparecieron espontáneamente, o tuviste que hacer otras intervenciones, otras terapias?

Pregunta discriminante

P: No, desaparecieron espontáneamente.

T: ¿Esta es la que te ha atacado con más fuerza?

P: Exactamente.

T: ¡Y te ha puesto en más aprietos!

Paráfrasis reestructurante sobre la solución intentada de la evitación con imagen evocadora

P: Sí, sí, sí.

T: Si no lo he entendido mal, tu modo de defenderte es: no quiero ver, no quiero saber.

P: Así es.

T: O sea, el avestruz que esconde la cabeza en la arena para no ver al león que se acerca.

P: *(risita)* ¡Exacto, exacto!

T: Bien, así que nada de periódicos, nada de telediarios ni de radio. Y si por casualidad oigo las noticias, me voy.

P: *(asintiendo)* ¡Perfecto!

T: De acuerdo. ¿Y esto te hace sentir mejor o te ha hecho sentir peor?

Pregunta orientadora

P: No, digamos que me deja vivir, ignoro el problema, como si no existiese. Pero en el momento en que inevitablemente llega la noticia y yo he tratado de evitar mirar las noticias, cada vez…

T: ¡Cada vez es más explosivo!

Paráfrasis reestructurante

P: … es más explosivo, ¡exactamente!

T: ¿A qué te dedicas?

P: Trabajo en una empresa, me ocupo de desarrollo y formación.

T: Por tanto, utilizas el ordenador.

P: Constantemente.

T: Cuando estás conectado ¿llegan las noticias? Ciento cuarenta cristianos muertos ayer… ¡por fuerza tiene que llegar!

P: ¡Por supuesto, sí, sí, sí!

T: Forzosamente llega, tú no quieres oírla pero…

P: Pero es inevitable.

T: ¡Es inevitable!

P: ¡Exacto!

T: Por tanto la evitación…

P: ¡No es una solución!

T: ¡Ah! Al contrario…

P: Al contrario…

T: Al contrario; antes has dicho una cosa muy importante. Meter la cabeza debajo de la arena, ignorando, parece que de momento amortigua el efecto, pero cuando sacas la cabeza y ves al león, el terror es mucho mayor.

P: Si puedo añadir una cosa que he observado: ignorar las cosas hace además que las vea de una manera más deformante.

T: Claro, el monstruo se vuelve aún mayor. ¡La fantasía trabaja mucho más que la realidad! Así que tenemos buenos motivos para decir que tu solución intentada es disfuncional. ¿O es funcional?

Indagación sobre otros aspectos de la vida

Creación de un acuerdo sobre el hecho de que la solución intentada de la evitación no es una solución

Imagen evocadora aversiva respecto a las soluciones disfuncionales intentadas

Analogía Pregunta con ilusión de alternativa de respuesta

P: ¡Muy disfuncional!

T: Por tanto, ¿debes seguir practicándola o deberías actuar de otro modo?

Pregunta discriminante

P: He de actuar de otro modo.

T: ¿Es la única solución intentada que pones en práctica para intentar controlar esta fobia o tienes otras?

Pregunta discriminante

P: En este momento es la única.

T: Cuando estás fuera de casa, has dicho que miras, observas a los extracomunitarios, a los islamistas, o sea, ¿vas en busca de sujetos peligrosos o no lo haces?

P: Hummm… no soy racista, ¡eh!

T: No, no, pero ¿observas a los sujetos peligrosos?

P: Sí, pero no sé cuáles son peligrosos y cuáles no… *(sonriendo)*

T: ¡Ja, ja, ja! *(carcajada)*

P: ¡Desde que tomo el Remeron mucho menos!

T: Mira, este fin de semana he viajado de Italia a Rusia, a Moscú. Fue muy interesante ver el nivel de paranoia en el aeropuerto. Estás esperando en la puerta y llega una pareja cuyos rasgos evidencian su procedencia de Oriente Medio: hablan bajito entre ellos, y ves que todos los que están esperando el avión miran: oh, Dios mío… ¿qué hacen? ¿Tendrán una bomba? ¿Van a secuestrar el avión? Bien, lo que hemos comprobado en este breve diálogo es que todo lo que has intentado hacer hasta ahora para defenderte en realidad te hunde más.

Paráfrasis reestructurante y creación del acuerdo

P: Exacto.

T: Por tanto, si lo que has intentado evitar se convierte en un monstruo que te acosa todavía más, ¿qué debemos hacer?

Analogía y creación del acuerdo

P: ¿Hacerle frente?

T: No de golpe, en pequeñas dosis… ¿no?

P: ¡Ok!

T: Mira, es como con el veneno; para inmunizarse hay que tomar pequeñas dosis a diario. No quiero que te pongas a leer más periódicos, que te conectes, que mires el telediario, *Porta a Porta*… que sigas todos los programas… En pequeñas dosis…

Prescripción: documentación ritualizada, cada hora durante dos minutos

P: Sí.

T: Pues bien, la dosis ideal sería… tú estás delante del ordenador cuando trabajas; por tanto, a las horas en punto, a las ocho, a las nueve, a las diez, conéctate durante dos minutos, busca las informaciones obviamente sobre las cosas que te asustan más, el ISIS, Al Qaeda, Boko Haram, etc.

P: Tengo que cronometrar: ¡dos minutos y desconecto!

T: Luego, a la hora siguiente, dos minutos y desconectas… dos minutos y desconectas… ¿ok?

P: ¡Perfecto!

T: En pequeñas dosis, ¿de acuerdo?

P: ¡De acuerdo!

T: Nos veremos dentro de tres semanas, ¿ok? ¡Bien!

El terapeuta parte de preguntas discriminantes para guiar luego al paciente, a través de preguntas orientadas, preguntas con ilusión de alternativa de respuesta, paráfrasis reestructurantes y evocaciones analógicas, a descubrir, ya en la primera sesión, el mecanismo de persistencia de su problema. Gracias al diálogo, conducido con gran habilidad, el terapeuta provoca desde el primer momento una fuerte experiencia emocional correctiva en el paciente, que «descubre» que precisamente lo que ha estado haciendo hasta ese momento para intentar encontrar una solución —la evitación— es lo que prolonga y agrava su sufrimiento. Una vez se ha producido esta experiencia fundamental de ruptura perceptivo-emocional, el propio paciente reconoce el camino que ha de recorrer para restablecer su bienestar. Gracias a esto, el acuerdo sobre la prescripción final del terapeuta se convierte en la consecuencia directa del cambio perceptivo producido en el transcurso de la sesión. La técnica del diálogo estratégico permite así maximizar la alianza terapéutica y favorecer la eficiencia de la intervención.

P: ¡Deberes hechos! Ha ido bien…

T: ¿Qué significa ha ido bien? *Indagación sobre el proceso de cambio*

P: Digo bien porque me lo ha dicho incluso mi mujer, de modo que tengo una opinión externa. He hecho lo que me dijisteis la otra vez: conectarme cada hora, ir a ver, buscar noticias, moverme, ha sido más sencillo de lo que creía.

T: ¡Guau! ¿Y qué efecto te hacía? *Efectos de la documentación ritualizada, dos minutos cada hora*

P: El efecto de coger confianza —tal vez el término no es exacto— pero mirar la cosa, poder tocarla con la mano y poder decir: ok, es esto, de modo que…

T: La pequeña porción de veneno al día, ¿no? Ya lo dijimos, ¡inmuniza!

P: Sí, sí, así es, si puedo decir la impresión que tengo hoy respecto a la sesión anterior es que la preocupación por lo que está sucediendo continúa, pero es como si hubiese desaparecido aquella sensación de pánico, de opresión que experimentaba antes.

T: Por tanto, en una escala numérica de cero al diez —cero para nuestra primera entrevista, diez para cuando puedas decir «me he librado de esta fobia»— ¿qué nota te pondrías hoy?

P: No sé qué podría decir: diez, no sé, ¿me atrevo?

T: ¡Guau!

P: ¿Nueve y medio?

T: ¿Y esto significa que, fuera de estas citas que te prescribimos, entre una sesión y la siguiente, ciertos pensamientos ya habían desaparecido?

P: ¡Del todo! Ningún pensamiento.

T: Perfecto. ¿Estabas dos minutos o te permitías un poco más?

P: Al principio dos minutos, últimamente me he dado cuenta de que lo alargaba más, e incluso he hecho alguna conexión además de la hora prescrita… *(riendo)*

T: Bien, bien… *(riendo)* muy, muy bien. ¿Qué ha cambiado en tu vida?

Redefiniciones analógicas de los efectos de la prescripción

Técnica de la escala

Análisis de los cambios obtenidos en la vida del paciente

P: Bueno, por ejemplo, ahora duermo mucho mejor —aunque probablemente también se debe al Remeron—, pero me he dado cuenta de que estoy mucho más tranquilo desde ese punto de vista. En segundo lugar, las noticias ya no me desestabilizan, antes me bloqueaban.

T: Por tanto, has aprendido la regla de que los fantasmas hay que tocarlos para hacer que desaparezcan: si te escapas te persiguen, te asustan…

P: ¡Exactamente, exactamente!

T: Es una buena regla, ¿no?

P: ¡Caramba, excepcional, funciona!

Redefinición analógico-evocadora del cambio

Mediante la documentación ritualizada durante unos minutos al filo de cada hora, el paciente se ve obligado a afrontar lo que hasta aquel momento había tratado de eludir en un intento vano de tranquilizarse. Esa contraevitación le ha provocado un repentino cambio en la percepción y en las creencias relativas al objeto del miedo, con efectos inmediatos en el estado emocional y en las capacidades relacionales y laborales antes anuladas. Esta segunda experiencia emocional correctiva fundamental, lograda gracias al cumplimiento exacto de la prescripción, ha hecho que el paciente se crea capaz de superar definitivamente su trastorno. De hecho, cuando el terapeuta propone la técnica de la escala, a fin de hacer una valoración conjunta del proceso terapéutico, el paciente se puntúa incluso con un diez. Con una imagen analógica (el fantasma que hay que tocar) se redefinen los efectos experimentados a fin de amplificarlos y sostener el cambio, de modo que al efecto descubrimiento se añada ahora también una redefinición más cognitiva de cómo se ha producido, lo que permite consolidar su persistencia y transformarla, gradualmente, en adquisición.

8.2. El cambio estratégico-evolutivo

Analicemos ahora un diálogo estratégico realizado durante la primera convención mundial del Brief Strategic and Systemic Therapy Network. Una participante se ofrece voluntaria a una intervención de *problem solving* para superar una dificultad profesional concreta.

PS = Problem solver; C = Cliente

PS:	¿Quieres empezar explicando tu problema o prefieres que te haga yo las preguntas?	*Pregunta discriminante*
C:	No, puedo explicarlo.	
PS:	De acuerdo.	
C:	Bien. En este momento y por motivos de trabajo me enfrento a una situación que me asusta y me bloquea. He de realizar unos trabajos de consultoría que tienen una primera parte de asesoramiento al cliente y una segunda que podríamos llamar de venta de un servicio, de una propuesta. Respecto al asesoramiento, estoy muy tranquila, pero la parte de venta me bloquea completamente, hasta el punto de que, aunque consigo hablar, es decir, pronunciar las palabras, lo hago en un estado de tensión máxima y, obviamente, no soy en absoluto convincente porque… es justamente esa sensación de querer terminar lo antes posible. Me parece bien que me diga «No», con tal de acabar. Y por esto me siento mal, porque desde luego no es eficaz.	*Definición del problema*

PS: Lo que quieres decir es que cuando has de escuchar y dar consejos te sientes cómoda, cuando has de hacer *marketing* convincente querrías huir, escapar lo antes posible.

Paráfrasis reestructurante

C: Sí.

PS: De acuerdo. ¿Esto te ocurre porque no estás suficientemente preparada para realizar la segunda parte —y sí lo estás para la primera— o bien lo que te causa malestar es el hecho de tener que convencer a la persona de que compre?

Pregunta discriminante

C: No, es la segunda hipótesis. Precisamente el hecho de tener que convencer, a veces incluso tener que forzar un poco.

PS: Y esta situación de malestar, provocada al parecer porque te perturba tener que convencer a alguien de que se decida a comprar, ¿está motivada por tus valores o porque es algo que en la práctica te parece demasiado forzado?

Pregunta discriminante

C: Uf. No sé, tal vez se deba más a algunos valores, al hecho de tener que pedir dinero. Si tuviese que proponer una cosa gratuita, quizá no tendría el mismo problema.

PS: De acuerdo; veamos si lo he entendido bien. Así que tú tienes un problema en un aspecto de tu trabajo, cuando has de convencer a la persona de que invierta dinero, pero no tienes ningún problema en la primera parte, cuando haces el asesoramiento.

Paráfrasis reestructurante

C: Sí.

PS: O sea, cuando estudias el caso, cuando analizas el problema, bien. Cuando empiezas a proponer la inversión económica entras en crisis.

PC: Sí.

PS: Y esto te perturba tanto que tienes ganas de huir, de que se acabe lo antes posible.

C: Sí, así es.

PS: Bien, pero no se debe a que no sepas hacerlo desde un punto de vista técnico. Parece que te perturba desde un punto de vista de los valores. El hecho de pedir dinero, de obligar a gastar dinero te parece poco ético. Si pudieses hacerlo gratis, tal vez conseguirías hacerlo bien.

C: Hummm, sí, creo que sí. (*La persona duda, parece algo indecisa*)

PS: ¿Estás segura?   *Pregunta de comprobación*

C: No lo sé, ahora dudo. (*ríe*)

PS: ¿El trabajo que haces tiene por objeto fomentar el bienestar de estas personas o simplemente se trata de vender algo que no está claro que beneficie a estas personas?   *Pregunta orientadora*

C: No, no, son cosas que benefician.

PS: De acuerdo. Por consiguiente, lo que propones es una cosa ética.   *Paráfrasis reestructurante*

C: Sí, sí, sí.

PS: No es algo perjudicial.

C: No, no, no.

PS: Por lo tanto, no se trata de manipular a las personas para que compren cosas

PS: que no son beneficiosas o que pueden ser perjudiciales.

C: No, no. Eso no.

PS: Se trata de inducir a estas personas a adquirir una cosa que mejorará su bienestar.

C: Sí.

PS: Bien, de acuerdo. ¿Y todavía crees que el segundo aspecto de tu trabajo, el *marketing,* va en contra de tus valores?

Pregunta orientadora

C: Teóricamente no, es decir, racionalmente no, pero emocionalmente tengo miedo. Es decir, se lo repito, no es que no haga esta parte del trabajo… es que, ante el primer «No», yo digo «Ok, de acuerdo, tú eres el que ha de decidir, si dices no, no insisto». Es esa parte… precisamente en la que el *marketing* dice que hay que «superar las objeciones» y hacer un trabajo completamente distinto que yo no consigo hacer.

PS: Bien, bien, bien. Vamos a reflexionar. Por lo que me estás diciendo…

C: Hummm.

PS: … parece ser que el momento que te causa perturbación no es cuando pasas del asesoramiento a la propuesta…

C: Hummm.

PS: … sino cuando el cliente se opone.

Paráfrasis reestructurante

C: Sí, sí.

PS: Bien. Parece ser, por tanto, que tu momento crítico se presenta cuando hallas una oposición por la otra parte.

C: Sí, exacto.

PS: Entonces —perdóname si me equivoco y corrígeme si es así— parece ser más un problema emocional que de valores.

Redefinición del problema: no es de valores éticos sino de tipo emocional

C: Sí, efectivamente es así. Sí.

PS: Parece ser más el problema de hacer frente a un rechazo…

C: Sí.

PS: … que de pensar «Estoy haciendo una cosa que…».

Pregunta orientadora

C: No, no, es esto. Es esto.

PS: Por lo tanto, aunque fuese gratis, te pasaría lo mismo.

C: Pasaría lo mismo. Es muy cierto.

PS: Ok. ¿Tu problema con los rechazos te ocurre solo en el trabajo o también un poco en toda tu vida?

Pregunta discriminante

C: No, en general.

PS: Ok.

Redefinición de la solución intentada de la evitación del rechazo

C: Solo que en este caso no puedo evitarlo.

PS: *(ríe)* En cambio, en la vida diaria tiendes a evitarlo.

C: Trato de evitarlo.

PS: De acuerdo. *(ríe)* ¿Cómo consigues en el día a día evitar los rechazos? ¿Qué estrategias adoptas?

Pregunta sobre las soluciones intentadas

C: Bueno, o no hago propuestas… tiendo a tener muy en cuenta el contexto y a participar diciendo y haciendo cosas que creo que pueden ser aceptadas.

PS: Ok.

Paráfrasis reestructurante

C:	O sea, al principio me dedico a escuchar y no propongo nada. No participo hasta que he entendido cómo funciona.

PS:	O sea, que eres de las personas que no participa hasta estar segura de que su intervención será aceptada.

C:	Sí. Al menos siempre que puedo.

PS:	Del tipo «O estoy segura de ganar o no juego».

Fórmula analógica para evocar sensaciones

C:	*(sonríe)* Sí.

PS:	Porque el rechazo resulta terrible.

C:	Sí.

PS:	Bien. Y en el trabajo no puedes hacerlo porque tienes que exponerte. *(sonríe)*

C:	Sí.

PS:	Y esta es la dificultad.

C:	Sí.

PS:	Bien. Como ves, creo que hemos redefinido el funcionamiento de tu problema, que es un problema que obviamente puede resolverse en tu vida profesional, pero que tal vez hay que resolver en toda tu vida para poder solucionarlo en tu profesión.

Redefinición del problema: hay que resolverlo en la vida en general y no solo en la profesional

C:	Sí.

PS:	De lo contrario, no será más que una nueva manera de actuar que al poco tiempo fracasará, se derrumbará sobre sí misma. Permite que te haga una pregunta un poco más incisiva.

Técnica de la anticipación

C:	Ok.

PS:	Pero no quiero ser intrusivo. Veamos. Cuando te dispones a escuchar, te preocupas de intervenir solo si estás segura

Pregunta orientadora

PS: de obtener consenso y, por lo tanto, tienes la certeza de evitar una oposición, un rechazo, en ese momento ¿te sientes capaz o incapaz?

C: Me siento frenada, me siento más incapaz.

PS: Bien. Por consiguiente, si sigues utilizando ese modelo, ¿tu incapacidad aumentará o disminuirá?

Pregunta con ilusión de alternativa de respuesta

C: Aumenta. Sí, aumenta.

PS: Por tanto, si sigues así, ¿las cosas se mantendrán como están o empeorarán?

Paráfrasis reestructurante

C: Empeorarán.

PS: Finalmente, hay otro aspecto curioso: las personas que asienten a todo lo que dicen los demás para no exponerse a un rechazo, a una crítica, ¿qué efecto crees que producen en los otros?

Pregunta orientadora

C: Al final parecen personas sin carácter, sin personalidad.

PS: Hummm… que valen poco.

C: Sí.

PS: ¿Te gusta ser una persona así?

Evocar sensaciones aversivas respecto al guion «prostitución relacional»

C: No, no, en absoluto.

PS: Y no solo eso, hay otra cosa peor: en realidad, las personas que suelen asentir para evitar rechazos es como si se prostituyeran continuamente con los demás para no exponerse al rechazo. Nosotros lo llamamos «prostitución relacional».

C: Hummm.

PS: Hummm. *(sonríe)* Esto es duro, ¿no?

C: Sí. *(sonríe)*

PS:	Hummm. Porque los otros se acostumbran a que tú no te opondrás nunca, y para ti es una ventaja porque evitas el enfrentamiento, el conflicto, el rechazo. Pero al final las personas que te rodean te aprueban no porque te aprecien, sino simplemente porque nunca les creas problemas.
C:	En efecto.
PS:	Esto es prostitución relacional. Y desde un punto de vista emocional, ¿así te sientes menos sola o más sola?
C:	Más sola.
PS:	¿Más apreciada o más rechazada?
C:	Visto así, más rechazada.
PS:	O sea, que lo que estás haciendo para evitar el rechazo al final hace que seas más rechazada aún, menos considerada.
C:	Hummm.
PS:	Además, eres una prostituta relacional.
C:	*(ríe)* Hummm.
PS:	Y tu incapacidad aumenta y aumenta. Bien. Veamos: ¿crees que ha llegado el momento de cambiar o quieres seguir protegiéndote y perjudicándote?
C:	*(ríe con nerviosismo)* Eh…
PS:	*(sonríe)* Ahora bien, hay un aspecto importante. No se puede pensar que ahora vas a salir de aquí y actuar exponiéndote. No puedes convertirte en Aquiles cuando estás acostumbrada a actuar entre bastidores, ¿no?
C:	Sí.

En el margen derecho:

Preguntas con ilusión de alternativa de respuesta

Paráfrasis reestructurantes aversivas y débilmente provocadoras

Pregunta con ilusión de alternativa de respuesta para crear un acuerdo

Prescribir como descubrimiento conjunto: acuerdo sobre un plan de acción gradual

PS: Bien, pero puedes permitirte hacerlo en dosis muy pequeñas. Por ejemplo, podrías empezar obligándote durante un par de semanas a crear una mínima oposición con alguien sobre algo.

C: Ah, de acuerdo.

PS: Por ejemplo, una opinión diferente.

C: Ok.

PS: Cuando hayas conseguido hacer esto, al cabo de unas semanas das un paso más: intenta dar una negativa a una persona, decir «no» a algo, en vez de decir siempre «sí». Pero como al principio decir «no» es duro, puedes utilizar una estratagema retórica y decir «Perdona, me gustaría pero no puedo».

C: *(ríe)* Ok. Ok.

PS: Cuando hayas conseguido decir «Perdona, me gustaría pero no puedo» durante un mes y hayas logrado expresar opiniones distintas a las de los demás, sube un peldaño: empieza a decir «Perdona, me gustaría pero tengo una cosa más importante que hacer»…

C: Hummm.

PS: … que es un peldaño más, ¿no?

C: Sí.

PS: Cuando hayas conseguido decir esto y mantener tu capacidad de expresar opiniones distintas, utiliza el último tipo de frase que supone haber alcanzado la capacidad que queremos adquirir: «Perdona, podría pero ahora no quiero».

1er paso: aprender a expresar una opinión propia

2º paso: «perdona, me gustaría pero no puedo»

3er paso: «perdona, me gustaría pero tengo una cosa más importante que hacer»

Paso final: «perdona, podría pero ahora no quiero»

C: *(ríe)*
PS: Se requieren unos tres meses y medio.
          Si sigues estas directrices lo conseguirás,
          ¿de acuerdo?
C: De acuerdo.

Durante la primera parte del diálogo estratégico, gracias a la secuencia de preguntas discriminantes y orientadoras y a las correspondientes paráfrasis, se induce a la persona a descubrir que su problema no deriva de una falta de habilidad comunicativa en la venta, ni de resistencias de tipo ideológico, sino que se trata de una auténtica incapacidad emocional para gestionar los rechazos y, en general, la opinión de los demás. Y esto no solo en la vida profesional, sino en todos los ámbitos de las relaciones interpersonales. Esta primera experiencia emocional correctiva permite al *problem solver* redefinir la situación no ya como una intervención de *problem solver* específico, sino más bien como un proceso de *coaching* que exige la adquisición de nuevas habilidades relacionales y emocionales en la vida de la persona en general, y no solo en el ámbito profesional. Se actúa creando una fuerte aversión hacia las soluciones intentadas por la joven —apoyar siempre a los demás— gracias a una secuencia de preguntas con ilusión de alternativa de respuesta, paráfrasis reestructurantes y, sobre todo, utilización de fórmulas analógicas evocadoras de tipo aversivo muy fuertes (por ejemplo, la imagen de la prostitución relacional). Se acompaña amablemente a la persona hasta «el borde del precipicio» para hacer que no solo comprenda, sino que también sienta hasta qué punto son negativas sus soluciones intentadas, a fin de que acepte con alivio el plan de acción propuesto por el *problem solver* para cambiar esta situación desastrosa.

A diferencia de lo que hemos visto en el primer caso, en el segundo el cambio que hay que propiciar no es el desbloqueo rápido de una sintomatología invalidante, sino la adquisición de nuevas habilidades evolutivas que exigen un cambio más lento y gradual, que será el resultado de al menos tres meses de ejercicio constante por parte de la persona. Los cuatro pasos propuestos permitirán que la persona viva nuevas experiencias emocionales correctivas en las relaciones con los demás, indispensables para consolidar el cambio del propio guion perceptivo-emocional-reactivo y romper definitivamente lo que hemos denominado provocativamente «prostitución relacional».

Como el lector puede deducir de cuanto se ha expuesto, el diálogo estratégico es una síntesis rigurosa de *problem solving* estratégico y de comunicación performativa, que se ajustan en cada ocasión a la singularidad de cada persona y de su contexto relacional, una especie de tecnología artística que se adapta con flexibilidad a las circunstancias específicas, aunque manteniendo siempre su rigor y su sistematicidad.

No obstante, tal vez lo que mejor caracteriza la técnica del diálogo estratégico es que se estructura como un proceso no del todo predeterminado, sino como una construcción de dos mentes en interacción que realizan descubrimientos comunes respecto de los problemas y sus soluciones. Por consiguiente, es un modelo que se autocorrige constantemente, basado en una lógica constitutivo-deductiva[4] que se estructura según la interacción entre cambios introducidos y resultados obtenidos, en el que la única verdad contemplada es la eficacia. Como afirma Ralph Waldo Emerson, «el sabio busca la "verdad", el tonto cree haberla encontrado».

---

4   A diferencia de la lógica hipotético-deductiva, en la que las estrategias de intervención se seleccionan partiendo de una teoría apriorística (esto es, primero se «conoce» y luego se «cambia»), en la constitutivo-deductiva las estrategias de intervención se ajustan a las características de la realidad objeto de la intervención y se adaptan continuamente, mediante un proceso de autocorrección, hasta llegar a la solución final. En esta lógica, el conocimiento de una determinada realidad se convierte en el producto último y no en la premisa del proceso de cambio (esto es, «se cambia para conocer»).

Epílogo

«Antes de convencer al intelecto es imprescindible tocar y predisponer el corazón». Este pensamiento de Blaise Pascal resume, en pocas y sabias palabras, la esencia del cambio emocional correctivo, del que hemos tratado en este libro. No hay duda de que también a Pascal le habría parecido por lo menos extraño ver cómo el hombre moderno ha intentado reducir todo esto a procedimientos «racionales» y «objetivos» a fin de hacerlo «científico», olvidando que la intuición, la fantasía y el lenguaje evocador y performativo siguen siendo, antes que la razón, el fundamento y el trampolín de la secular empresa de la ciencia. Una ciencia del cambio ha de basarse justamente en el modo en que este se realiza por medio de diversos factores que se activan gracias a sensaciones, necesidades, aspiraciones y deseos, es decir, los impulsos más atávicos del espíritu humano, que muy poco tienen que ver con la racionalidad. Por eso no basta con observar y reflexionar; hay que experimentar el cambio para conocerlo y para aprender a gestionarlo y planificarlo. De hecho, la experiencia prolongada en hacer cambiar a las personas su modo de sentir y de actuar es lo que ha permitido comprender cómo se produce ese proceso y reproducir estratégicamente su dinámica y sus efectos. Ahora bien, esto, que ya no sería fácil de realizar, se torna aún más complejo porque, como hemos intentado explicar, cada cambio encuentra inevitablemente resistencias a su realización, incluso cuando ha resultado ser beneficioso. Por consiguiente, no basta reconocer la utilidad de un cambio para que resulte fácilmente realizable. Por este motivo, actuar viene después de «sentir», que a su vez es activado por estímulos internos o externos al sistema, que pueden consistir en hechos reales o potentes evocaciones, capaces de crear un cambio perceptivo que desencadena la reacción emocional y la respuesta conductual.

En muchas ocasiones el cambio es el producto de «realidades inventadas que producen efectos concretos». El arte y la tecnología del cambio consisten en saber crear esas realidades, es decir, eventos casuales planificados, que representan «impulsos amables» (Thaler y Sunstein, 2009) en dirección a cambios estratégicos.

A tal efecto, no debemos olvidar la afirmación de Vaihinger: «La mayoría de las veces es necesario pasar por lo ilógico para llegar a lo lógico».

Alexander, F. y French, T.M. (1946), *Psychoanalitic Therapy*, Nueva York, Ronald Press [trad. cast.: *Terapéutica psicoanalítica*, Buenos Aires , Paidós, 1965].

Artini, A. y Balbi, E. (2009), *Curare la scuola*, Milán, Ponte alle Grazie [trad. cast.: *Curar la escuela*, Barcelona, Herder, 2011].

Assay, T.P. y Lambert, M.J. (1999), «The empirical case for the common factors in therapy: Qualitative findings», en Hubble, M.A., Duncan, B.L. y Miller, S.D. (eds.), *The Hearth and Soul of Change: What Works in Therapy*, Washington, DC, American Psychological Association, pp. 33-56.

Austin, J.L. (1962), *How to Do Things with Words*, Cambridge, Harvard University Press [trad. cast.: *Cómo hacer cosas con palabras*, Barcelona, Paidós, 1981].

Baird, B., Smallwood, J., Mrazek, M.D., Kam, J.W., Franklin, M.S. y Schooler, J.W. (2012), «Inspired by distraction: mind wandering facilitates creative incubation», en *Psychol Sci.*, Oct 1; 23 (10), pp. 1117-22.

Bara, B. (2000), *Il metodo della scienza cognitiva. Un approccio evolutivo allo studio della mente*, Turín, Bollati Boringhieri.

Beck, A.T. y Emery, G. (1985), *Anxiety Disorders and Phobias: A Cognitive Perspective*, Nueva York, Basic Books.

Beck, A.T., Epstein, N., Brown, G. y Steer, R.A. (1988), «An inventory for measuring clinical anxiety, Psychometric properties», en *Journal of Consulting and Clinical Psychology*, 56, pp. 893-897.

Bernard, C. (1859), *Introduction à l'étude de la médecine expérimental*, París, Collège de France [trad. cast.: *Introducción al estudio de la medicina experimental*, Barcelona, Crítica, 2005].

BLOOM, B.L. (1991), *Planned Short-Term Therapy. A Clinical Handbook*, Boston, Allyn & Bacon.

CAGNONI, F. y MILANESE, R. (2009), *Cambiare il passato*, Milán, Ponte alle Grazie.

CAPUTO, A. y MILANESE, R. (2017), *Psicopillole. Per un uso ético e strategico dei farmaci*, Milán, Ponte alle Grazie.

CASTELNUOVO, G., FACCIO, E., MOLINARI, E., NARDONE, G. y SALVINI, A. (2005), «Evidence based approach in psychotherapy: The limitations of current Empirically Supported Treatments paradigms and of similar theoretical approaches as regards establishing efficient and effective treatments in psychotherapy», en *Brief Strategic and Systemic Therapy European Review*, pp. 229-248.

CASTELNUOVO, G., MANZONI, G.M., VILLA, V., CESA, G.L. y MOLINARI, E. (2011), «Brief strategic therapy *vs* cognitive behavioral therapy for the inpatient and telephone-based outpatient treatment of binge eating disorder: The STRATOB randomized controlled clinical trial», en *Clin. Pract. Epidemiol. Ment Health*, 4, 7, pp. 29-37.

CASTELNUOVO, G., MOLINARI, E., NARDONE, G. y SALVINI, A. (2013), «La ricerca empirica in psicoterapia», en Nardone G., Salvini A. (eds.), *Dizionario Internazionale di Psicoterapia*, Milán, Garzanti, pp. 647-676 [trad. cast.: *Diccionario internacional de psicoterapia*, Barcelona, Herder, 2019, en prensa].

CHAMBLESS, D.L. y HOLLON, S.D (1998), «Defining empirically supported therapies», en *Journal of Consulting and Clinical Psychology*, 66, pp. 7-18.

CHAMBLESS, D.L. y OLLENDICK, T.H. (2001), «Empirically supported psychological interventions: controversies and evidence», en *Annu. Rev. Psychol.*, 52, pp. 685-716.

CHAMBLESS, D.L., *et al.* (1998), «Update on empirically validated therapies: II», en *The Clinical Psychologist*, 51, pp. 3-16.

CIPOLLI, C. y MOJA, E.A. (1991), *Psicologia medica*, Roma, Armando Editore.

DALLE GRAVE, R. (2015), *La terapia cognitivo comportamentale multistep dei disturbi dell'alimentazione. Teoria, trattamento e casi clinici*, Florencia, Eclipsi.

DAMASIO, A.R. (1994), *Descartes' Error: Emotion, Reason, and the Human Brain*, Nueva York, Putnam [trad. cast.: *El error de Descartes. La emoción, la razón y el cerebro humano*, Barcelona, Destino, 2011].

D'ANDREA, S. y NARDONE, G. (2015), *Il colloquio strategico in azienda*, Milán, Ponte alle Grazie.

DOIDGE N. (2007), *The Brain That Changes Itself*, Nueva York, Viking Press [trad. cast.: *El cerebro se cambia a sí mismo*, Madrid, Aguilar, 2008].

DOIDGE N. (2015), *The Brain's Way of Healing*, Nueva York, Penguin Publishing Group.

FAIRBURN, C.G. (2008), *Cognitive Behavior Therapy and Eating Disorders*, Londres, Guildford Press.

FOERSTER, H. VON (1973), «On constructing a reality», en Preiser, W.F.W. (ed.), *Environmental Design Research*, Stroudsburg, Dowden, Hutchinson & Ross, vol. 2, pp. 35-46 [trad. cast.: «Construyendo una realidad», en Watzlawick, P. (ed.), *La realidad inventada. ¿Cómo sabemos lo que creemos saber?*, Barcelona, Gedisa, 1995].

FRANCES, A.J. (2013), *Saving Normal. An Insider's Revolt Against Out-of-Control Psychiatric Diagnosis, DSM-5, Big Pharma, and the Medicalization of Ordinary Life*, Nueva York, William Morrow.

GAZZANIGA, M. (1999), *La mente inventata*, Milán, Guerini.

GLASERSFELD E. VON (1995), *Radical Constructivism. A Way of Knowing and Learning*, Londres, The Falmer Press.

GOLDBERG, E. (2006), *The Wisdom Paradox*, Nueva York, Avery [trad. cast.: *La paradoja de la sabiduría. Cómo la mente puede mejorar con la edad*, Barcelona, Crítica, 2006].

GOLEMAN, D. y DAVIDSON, R.J. (2017), *The Science of Meditation*, Londres, Penguin Book [trad. cast.: *Los beneficios de la meditación*, Barcelona, Kairós, 2017].

GUIDANO, V.F. y REDA, M.A. (1981) (eds.), *Cognitivismo e psicoterapia*, Milán, Franco Angeli.

HILLMAN, J., y VENTURA, M. (1992), *We've Had a Hundred Years of Psychotherapy – And the World's Getting Worse*, Nueva York, Harper Collins [trad. cast.: *Cien años de psicoanálisis. Y todo sigue igual*, Buenos Aires, Sudamericana, 1992].

Hubble, M.A., Duncan, B.L. y Miller, S.D. (1999) (eds.), *The Hearth and Soule of Change: What Works in Therapy*, Washington, DC, American Psychological Association.

Jackson, B.J., Pietrabissa, G., Rossi, A., Manzoni, G.M. y Castelnuovo, G. (2018), «Brief strategic therapy and cognitive behavioral therapy for women with binge eating disorder and comorbid obesity: A randomized clinical trial one-year follow-up», en *Journal of Consulting and Clinical Psychology* (en prensa).

James, W. (1890), *Principles of Psychology*, Nueva York, Henry Holt & Co. [trad. cast.: *Principios de psicología*, México, Fondo de Cultura Económica, 1994].

Kahneman, D. (2012), *Thinking, Fast and Slow*, Londres, Penguin [trad. cast.: *Pensar rápido, pensar despacio*, Barcelona, Debate, 2012].

Kandel, E.R. (1998), «A new intellectual framework for psychiatry», en *American Journal of Psychiatry*, 155 (4), pp. 457-469.

Kandel, E.R. (2001), «Psychotherapy and the single synapse: The impact of psychiatric thought on neurobiological research», en *Journal of Neuropsychiatry and Clinical Neurosciences*, 13, pp. 290-300.

Kazdin, A.E. (2008), *Parent Management Training: Treatment for Oppositional, Aggressive, and Antisocial Behavior in Children and Adolescent*, Oxford, Oxford University Press.

Kazdin, A.E. (2016), *Research Design in Clinical Psychology*, Reino Unido, Pearson [trad. cast.: *Métodos de investigación en psicología clínica*, México, Pearson Educación, 2001].

Keeney, B.P. (1991), *Improvisational Therapy. A practical Guide for Creative Clinical Strategies*, Nueva York, The Guilford Press.

Keneey, B.P. (2009), *The Creative TherapisT. The Art of Awakening a Session*, Abingdon, Taylor & Francis Ltd.

Kiselnikova, N. y Danina, M. (2015), «Strategic psychotherapy of stuttering: a structure of a problem, directions and techniques of treat» en *Counseling Psychology and Psychotherapy*, vol. 23, n.2, pp. 131-141.

Koch, C. (2012), *Consciousness: Confessions of a Romantic Reductionist*, Cambridge, MA, The MIT Press.

Le Bon, G. (1900), *Psychologie des foules*, París, Mecun [trad. cast.: *Psicología de las masas*, Madrid, Morata, 1995].

LeDoux, J. (2002), *Synaptic Self,* Nueva York, Viking.

LeDoux, J. (2015), *Anxious: Using the Brain to Understand and Treat Fear and Anxiety,* Nueva York, Viking.

Legrenzi, P. y Umiltà, C. (2009), *Neuro-mania,* Bolonia, Il Mulino.

Leichsenring, F. y Steinert, C. (2017), «Is cognitive behavioral therapy the gold standard for psychotherapy? The need for plurality in treatment and research», en *JAMA,* (14), pp. 1323-1324.

Lewin, K. (1951), *Field Theory of Social Science: Selected Theoretical Papers,* Nueva York, Harper & Brothers [trad. cast.: *La teoría del campo en la ciencia social,* Buenos Aires, Paidós, 1978].

Lewin, K. (2005), ed. por P. Colucci, *La teoria, la ricerca, l'intervento,* Bolonia, Il Mulino.

Loriedo, C., Zeig, J. y Nardone, G. (2011), *TranceForming Ericksonian Methods-21st Century Visions,* Phoenix, AZ, The Milton H. Erickson Foundation Press.

Luborsky, L. y Singer, B. (1975), «Comparative studies of psychotherapies. Is it true that "everywon has one and all must have prizes"?», en *Arch. Gen. Psychiatry,* 32, pp. 995-1008.

Luborsky, L. *et al.* (2002), «The dodo bird verdict is alive and well-mostly», en *Clinical Psychology: Science and Practice.*

Mahoney, M.J. (1991), *Human Change Processes,* Nueva York, Basic Books.

Manna, V. y Daniele, M.T. (2014), «Stress sociale, benessere e neuroplasticità», en Daniele, M.T., Manna, V., Pinto M. (eds.), *Stress, trauma e neuroplasticità,* Roma, Alpes Italia.

Martinet, A. (1960), *Éléments de linguistique générale,* París, Armand Colin [trad. cast.: *Elementos de lingüística general,* Madrid, Gredos, 1984].

Milanese, R. y Milanese, S. (2015), *Il tocco, il rimedio, la parola. La comunicazione tra medico e paziente come strumento terapeutico,* Milán, Ponte alle Grazie.

Milanese, R. y Mordazzi, P. (2007), *Coaching strategico: Trasformare i limiti in risorse,* Milán, Ponte alle Grazie [trad. cast.: *Coaching estratégico. Cómo transformar los límites en recursos,* Barcelona, Herder, 2012].

Milanese, R. y Mordazzi, P. (2015), *Strategico Coaching. Transforming Limits into Resources,* Milán, Ponte alle Grazie.

MONTANO, A., NARDONE, G. y SIROVICH, G. (2012), *Risorgere e vincere. Una storia di talento, tecnica e strategie mentali*, Milán, Ponte alle Grazie.

MOSCOVICI, S. (1976), *Social influence and social change*, Nueva York, Academic Press.

MURIANA, E., PETTENÒ, L. y VERBITZ, T. (2006), *I volti della depressione*, Milán, Ponte alle Grazie [trad. cast.: *Las caras de la depresión*, Barcelona, Herder, 2012].

NARDONE, G. (1993), *Paura, panico, fobie: La terapia in tempi brevi*, Milán, Ponte alle Grazie [trad. cast.: *Miedo, pánico, fobias*, Barcelona, Herder, 2012].

NARDONE, G. (1994), «La prescrizione medica: Strategie di comunicazione ingiuntiva», en *Scienze dell'interazione*, 1,1, pp. 81-90.

NARDONE, G. (1998), *Psicosoluzioni. Risolvere rápidamente complicati problemi umani*, Milán, Rizzoli [trad. cast.: *Psicosoluciones. Cómo resolver rápidamente problemas humanos complicados*, Barcelona, Herder, 2012].

NARDONE, G. (2000), *Oltre i limiti della paura. Superare rapidamente le fobie le ossessioni e il panico*, Milán, Rizzoli [trad. cast.: *Más allá del miedo*, Barcelona, Paidós, 2003].

NARDONE, G. (2003a), *Non c'è notte che non veda il giorno. La terapia in tempi brevi per gli attacchi di panico*, Milán, Ponte alle Grazie [trad. cast.: *No hay noche que no vea el día. La terapia breve para los ataques de pánico*, Barcelona, Herder, 2008].

NARDONE, G. (2003b), *Cavalcare la propria tigre*, Milán, Ponte alle Grazie [trad. cast.: *El arte de la estratagema*, Barcelona, Herder, 2013].

NARDONE, G. (2005), *Correggimi se sbaglio. Strategie di comunicazione per appianare i conflitti nelle relazioni di coppia*, Milán, Ponte alle Grazie [trad. cast.: *Corrígeme si me equivoco*, Barcelona, Herder, 2006].

NARDONE, G. (2009), *Problem solving strategico da tasca: L'arte di trovare soluzioni a problemi irrisolvibili*, Milán, Ponte alle Grazie [trad. cast.: *Problem solving estratégico. El arte de encontrar soluciones a problemas irresolubles*, Barcelona, Herder, 2010].

NARDONE, G. (2013), *Psicotrappole*, Milán, Ponte alle Grazie [trad. cast.: *Psicotrampas: identifica las trampas psicológicas que te amargan la vida y encuentra las psicosoluciones para vivir mejor*, Barcelona, Paidós, 2014].

Nardone, G. (2015), *La nobile arte della persuasione*, Milán, Ponte alle Grazie.

Nardone, G. (2016), *La terapia degli attacchi di panico. Liberi per sempre dalla paura patologica*, Milán, Ponte alle Grazie [trad. cast.: *La terapia de los ataques de pánico. Libres para siempre del miedo patológico*, Barcelona, Herder, 2016].

Nardone, G. (2017), *Sette argomenti essenziali per conoscere l'uomo*, Milán, Ponte alle Grazie [trad. cast.: *Siete cuestiones esenciales para conocer al ser humano*, Barcelona, Plataforma editorial, 2019].

Nardone, G. y Balbi, E. (2008), *Solcare il mare all'insaputa del cielo*, Milán, Ponte alle Grazie [trad. cast.: *Surcar el mar a espaldas del cielo. Lecciones sobre el cambio terapéutico y las lógicas no ordinarias*, Barcelona, Herder, 2018].

Nardone, G. y Balbi, E. (2015), *The logic of therapeutic change. Fitting strategies to pathologies*, Londres, Karnac.

Nardone, G., Balbi, E., Vallarino, A. y Bartoletti, M. (2017), *Psicoterapia breve a lungo termine. Trattare con successo anche le psicopatologie maggiori*, Milán, Ponte alle Grazie [trad. cast.: *Psicoterapia breve a largo plazo*, Barcelona, Herder, 2019, en prensa].

Nardone, G. y Barbieri, R.B., (2010), «Advanced Brief Strategic Therapy: An Overview of interventions with eating disorders to exemplify how theory and practice work», en *European Journal of Psychotherapy and Counselling*, vol. 12, 2, Londres, Routledge – Taylor & Francis Group.

Nardone, G. y De Santis, G. (2011), *Cogito ergo soffro*, Milán, Ponte alle Grazie [trad. cast.: *Pienso luego, sufro. Cuando pensar demasiado hace daño*, Barcelona, Paidos, 2012].

Nardone, G., y Equipo del CTS (2012), *Aiutare i genitori ad aiutare i figli. Problemi e soluzioni per il ciclo della vita*, Milán, Ponte alle Grazie [trad. cast.: *Ayudar a los padres a ayudar a los hijos. Problemas y soluciones para el ciclo de vida*, Barcelona, Herder, 2015].

Nardone, G. y Portelli, C. (2005), *Knowing through Changing: The Evolution of Brief Strategic Therapy*, Carmarthen, UK, Crown House [trad. cast.: *Conocer a través del cambio*, Barcelona, Herder, 2005].

Nardone, G. y Portelli, C. (2013), *Ossessioni, compulsioni, manie. Capirle e sconfiggerle in tempi brevi*, Milán, Ponte alle Grazie [trad. cast.: *Obsesiones, compulsiones, manías*, Barcelona, Herder, 2015].

Nardone, G. y Salvini, A. (2004), *Il dialogo strategico. Comunicare persuadendo: tecniche evolute per il cambiamento*, Milán, Ponte alle Grazie [trad. cast.: *El diálogo estratégico. Comunicar persuadiendo: técnicas para conseguir el cambio*, Barcelona, Herder, 2011].

Nardone, G. y Salvini, A. (2013) (eds.), *Dizionario internazionale di psicoterapia*, Milán, Garzanti [trad. cast.: *Diccionario internacional de psicoterapia*, Barcelona, Herder, 2019, en prensa].

Nardone, G. y Selekman, M.D. (2011), *Uscire dalla trappola. Abbuffarsi, vomitare, torturarsi: la terapia in tempi brevi*, Milán, Ponte alle Grazie [trad. cast.: *Hartarse, vomitar, torturarse*, Barcelona, Herder, 2013].

Nardone, G. y Tani, S. (2018), *Psicoeconomia. Gestire fallimenti, realizzare successi*, Milán, Garzanti.

Nardone, G. y Valteroni, E. (2017), *L'anoressia giovanile. Una terapia efficace ed efficiente per i disturbi alimentari*, Milán, Ponte alle Grazie [trad. cast.: *La anorexia juvenil: una terapia eficaz y eficiente para los trastornos alimentarios*, Barcelona, Herder, 2018].

Nardone, G., Verbitz, T. y Milanese, R. (1999), *Le prigioni del cibo. Vomiting. Anoressia. Bulimia. La terapia in tempi brevi*, Milán, Ponte alle Grazie [trad. cast.: *Las prisiones de la comida*, Barcelona, Herder, 2002].

Nardone, G. y Watzlawick, P. (1990), *L'arte del cambiamento: La soluzione dei problemi psicologici personali e interpersonali in tempi brevi*, Milán, Ponte alle Grazie [trad. cast.: *El arte del cambio: trastornos fóbicos y obsesivos*, Barcelona, Herder, 2011].

Nardone, G. y Watzlawick, P. (2005), *Brief Strategic Therapy: Philosophy, Techniques, and Research*, Nueva York, Jason Aronson.

Nardone, M.C., Milanese, R. y Prato Previde, R. (2012), *L'azienda vincente. Migliorare il presente, inventare il futuro: problem solving per le organizzazioni*, Milán, Ponte alle Grazie [trad. cast.: *La empresa triunfadora. Mejorar el presente, inventar el futuro: problem solving para empresas*, Barcelona, Paidós, 2017].

Neumann, J. von y Morgenstern, O. (1944), *Theory of Games and Economic Behavior*, Princeton, Princeton University Press.

PIAGET, J. (1937), *La construction du réel chez l'enfant*, Neuchâtel-París, Delachaux et Niestlé [trad. cast.: *La construcción de lo real en el niño*, Buenos Aires, Nueva Visión, 1979].

PIETRABISSA, G., MANZONI, G.M., CECCARINI, M. y CASTELNUOVO, G. (2014), «A brief strategic therapy protocol for binge eating disorder», en *Procedia: Social & Behavioral Sciences*, 113, pp. 8-15.

PIETRABISSA, G., MANZONI, G.M., GIBSON, P., *et al.* (2016), «Brief strategic therapy for obsessive-compulsive disorder: A clinical and research protocol of a one-group observational study», en *British Medical Journal Open*, 6.

POPPER, K.R. (1972), *Objective Knowledge*, Londres, Oxford University Press [trad. cast.: *Conocimiento objetivo. Un enfoque evolucionista*, Madrid, Tecnos, 2007].

POPPER, K.R. (1983), *Realism and the Aim of Science: From the Postscript to the Logic of Scientific Discovery*, Londres, Hutchinson [trad. cast.: *Realismo y el objetivo de la ciencia. Post scriptum a la Lógica de la investigación científica*, Madrid, Tecnos, 1985].

PROCHASKA, J.O. y DICLEMENTE, C.C. (1982), «Transtheoretical therapy: Toward a more integrative model of change», en *Psychotherapy: Theory, Research and Practice*, 19.

REDA, M.A (2002), *Sistemi cognitivi complessi e psicoterapia*, Roma, Carocci Editore.

SABATÉ, E. (2003), *WHO – Adherence to Long-Term Therapies: Evidence for Action*, Ginebra, World Health Organization.

SOLOMON, M. y SIEGEL, D.J. (2017), *How People Change: Relationships and Neuroplasticity in Psychotherapy*, Nueva York, Norton.

SOMMERS-FLANAGAN, J. y SOMMERS-FLANAGAN, R. (2004), *Theories of Counseling and Psychotherapy: A Practical Approach*, Nueva York, Wiley.

SOMMERS-FLANAGAN, J. y SOMMERS-FLANAGAN, R. (2013), *Clinical Interviewing*, Nueva York, Wiley.

SPENCER BROWN, G. (1969), *Laws of Form*, Londres, Allen & Unwin.

STERN, D. (2004), *The Present Moment in Psychotherapy and Everyday Life*, Nueva York, Norton [trad. cast.: *El momento presente. En psicoterapia y en la vida cotidiana*, Santiago de Chile, Cuatro Vientos, 2017].

TARDE, G. (1969), «The Public and the Crowd», en *On Communications and Social Influence*, Chicago, Selected Papers.

TENZIN, G. (Dalai Lama) y GOLEMAN, D. (2003), *Healing Emotions: Conversations with the Dalai Lama on Mindfulness, Emotions, and Health*, Shambhala [trad. cast.: *La salud emocional: conversaciones con el Dalai Lama sobre la salud, las emociones y la mente*, Barcelona, Kairós, 1997].

TENZIN, G. (Dalai Lama) y GOLEMAN, D. (2004), *Destructive Emotions: A Scientific Dialogue with the Dalai Lama*, Bantam [trad. cast.: *Emociones destructivas: Cómo entenderlas y superarlas*, Barcelona, Kairós, 2012].

THALER, R.H. y SUNSTEIN, C.S. (2009), *Nudge. Improving Decision About Health, Wealth and Happiness*, Londres, Penguin Books [trad. cast.: *Un pequeño empujón (Nudge). El impulso que necesitas para tomar mejores decisiones sobre salud, dinero y felicidad*, Madrid, Taurus, 2017].

THALER, R.H. (2011), *Thinking, fast and slow*, Nueva York, Farrar, Straus and Giroux [trad. cast.: *Pensar rápido, pensar despacio*, Barcelona, Debate, 2016].

THOM, R. (1990), *Parabole e catastrofi*, Milán, il Saggiatore.

VALTERONI, E. (2016), «Neurociencias y terapia del pánico», en Nardone, G., *La terapia de los ataques de pánico*, Barcelona, Herder.

VANDERLINDEN, J. (2001), *Vincere l'anoressia nervosa. Strategie per pazienti, familiari e terapeuti*, Verona, Positive-Press.

WATZLAWICK, P. (1977), *Die Möglichkeit des Andersseins: zur Technick der therapeutischen Kommunikation*, Berna, Hans Huber [trad. cast.: *El lenguaje del cambio. Técnica de comunicación terapéutica*, Barcelona, Herder, 2012].

WATZLAWICK, P. (1981) (ed.), *Die erfundene Wirklichkei*, Múnich, Piper [trad. cast.: *La realidad inventada. Cómo sabemos lo que creemos saber*, Barcelona, Gedisa, 2009].

WATZLAWICK, P. y NARDONE, G. (1997) (eds.), *Terapia breve strategica*, Milán, Raffaello Cortina Editore [trad. cast.: *Terapia breve estratégica*, Barcelona, Paidós, 2000].

WATZLAWICK, P., BEAVIN, J.H. y JACKSON, D.D. (1967), *Pragmatics of Human Communication. A Study of Interactional Patterns, Pathologies and Paradoxes*, Nueva York, Norton [trad. cast.: *Teoría de la comunicación humana: interacciones, patologías y paradojas*, Barcelona, Herder, 1995].

WATZLAWICK, P. y WEAKLAND, J.H. (1977), *The Interactional View: Studies at the Mental Research Institute*, Palo Alto, 1965-1974, Nueva York, Norton.

WATZLAWICK, P., WEAKLAND, J.H. y FISCH, R. (1974), *Change: Principles of Problem Formation and Problem Solution*, Nueva York, Norton [trad. cast.: *Cambio. Formación y solución de los problemas humanos*, Barcelona, Herder, 2003].

WILSON, R. (1986), *Don't Panic. Taking Control of Anxiety Attack*, Nueva York, Harper.

WITTEZAELE, J.J. (2003), *L'Homme relationnel*, París, Seuil.

WITTEZAELE, J. y NARDONE, G. (2016), *Une logique des troubles mentaux*, París, Seuil.